学ぶ人は、
変えて
ゆく人だ。

問題《もんだい》はもちろん、

人生《じんせい》の問《と》いや、社会《しゃかい》の課題《かだい》を自《みずか》ら見《み》つけ、

挑《いど》み続《つづ》けるために、人《ひと》は学《まな》ぶ。

「学《まな》び」で、少《すこ》しずつ世界《せかい》は変《か》えてゆける。

いつでも、どこでも、誰《だれ》でも、

学《まな》ぶことができる世《よ》の中《なか》へ。

旺文社《おうぶんしゃ》

学校では
教えてくれない
大切なこと 28

日本のこと

伝統・文化・風習

マンガ・イラスト 森崎達也（WADE）

旺文社

はじめに

テストで100点《てん》を取《と》ったらうれしいですね。先生《せんせい》も家族《かぞく》もほめてくれます。でも、世《よ》の中《なか》のできごとは学校《がっこう》でのテストとは違《ちが》って、正解《せいかい》が1つではなかったり、何《なに》が正解《せいかい》なのかが決《き》められないことが多《おお》いのです。

「私《わたし》はプレゼントには花《はな》が良《よ》いと思《おも》う」「ぼくは本《ほん》が良《よ》いと思《おも》う」。どちらが正解《せいかい》ですか。どちらも正解《せいかい》。そして、どちらも不正解《ふせいかい》という場合《ばあい》もありますね。

山登《やまのぼ》りで仲間《なかま》がケガをして動《うご》けない。こんなときは「動《うご》ける自分《じぶん》が方位磁石《ほういじしゃく》にしたがって下《お》りてみる」「自分《じぶん》もこのまま動《うご》かずに救助《きゅうじょ》を待《ま》つ」。どちらが正解《せいかい》でしょう。状況《じょうきょう》によって正解《せいかい》は変《か》わります。命《いのち》に関《かか》わることですから慎重《しんちょう》に判断《はんだん》しなくてはなりません。

このように、100点《てん》にもなり0点《てん》にもなりえる問題《もんだい》が日々《ひび》あふれているの

が世《よ》の中《なか》です。そこで自信《じしん》をもって生《い》きていくには、自分《じぶん》でとことん考《かんが》え、そのときの自分《じぶん》にとっての正解《せいかい》が何《なに》かを判断《はんだん》していく力《ちから》が必要《ひつよう》になります。

本《ほん》シリーズでは、自分《じぶん》のことや相手《あいて》のことを知《し》る大切《たいせつ》さと、世《よ》の中《なか》のさまざまな仕組《しく》みがマンガで楽《たの》しく描《えが》かれています。読《よ》み終《お》わったときには「考《かんが》えるって楽《たの》しい！」「わかるってうれしい！」と思《おも》えるようになっているでしょう。

本書《ほんしょ》のテーマは「日本のこと」です。みなさんにとっては当《あ》たり前《まえ》に感《かん》じることでも、世界《せかい》から見《み》るとユニークなものごとが日本にはたくさんあります。日本のおふろには浴《よく》そうがあることがほとんどですが、実《じつ》は浴《よく》そうがあるおふろは世界《せかい》ではめずらしいんですよ。ほかにも、お正月《しょうがつ》に食《た》べるおせち料理《りょうり》やお雑煮《ぞうに》、お花見《はなみ》やお盆《ぼん》などの行事《ぎょうじ》、伝統芸能《でんとうげいのう》など、その成《な》り立《た》ちを知《し》ると面白《おもしろ》いことがたくさんあります。みなさんの知《し》らなかった新《あたら》しい日本を、この本《ほん》で見《み》つけてみませんか。

旺文社

もくじ

4章《しょう》　もっと知《し》りたい！　日本のこと

スタッフ

●編集
次原 舞

●編集協力
山本あゆみ
（有限会社　編集室ビーライン）

●装丁・本文デザイン
木下春圭　菅野祥恵
（株式会社ウエイド）

●装丁・本文イラスト
森崎達也（株式会社ウエイド）

●校正
株式会社ぷれす

する仲《なか》間《ま》たち

タケル（桃川《ももかわ》タケル）

- 小学《しょうがく》３年生《ねんせい》。
- やさしくおだやかな性格《せいかく》。
- 気弱《きよわ》な自分《じぶん》を変《か》えたいと思《おも》っている。

ムツキ（浦島《うらしま》ムツキ）

- タケルの親友《しんゆう》。
- クールでしっかり者《もの》。
- スマホを使《つか》いこなしている。

サブリナ（サブリナ 金時《きんとき》 ジェマーソン）

- 海外《かいがい》からの帰国子女《きこくしじょ》。
- 好奇心旺盛《こうきしんおうせい》で積極的《せっきょくてき》。
- かなりの力《ちから》持《も》ち。

この本《ほん》に登《とう》場《じょう》

モミジ

- 町《まち》のはずれのほこらに封印《ふういん》されていたシカ。
- 封印《ふういん》される前《まえ》のことはあまり覚《おぼ》えていない。
- 不思議《ふしぎ》な力《ちから》を持《も》っている。
- ちょっとチャラい。

タケルの家族《かぞく》

- おだやかでマイペースなお母《かあ》さん。
- いつも全力《ぜんりょく》・熱血《ねっけつ》のお父《とう》さん。
- 妹《いもうと》のミコトはタケルとは正反対《せいはんたい》のハッキリした性格《せいかく》。

カナメ

- モミジを封印《ふういん》していた由緒《ゆいしょ》ある石《いし》。
- コワモテだが，意外《いがい》とおっちょこちょい。
- おしりがチャームポイント。
- モミジを追《お》いかけるのには深《ふか》いワケが…？

プロローグ

とある町《まち》のはずれにある
小《ちい》さなほこらで…。
コォォォ…。
ドムーーン
これが封印《ふういん》の石《いし》か？
きっとそうだよ！
早《はや》くどかしてみよ。
呪《のろ》われたりしないかなぁ？
でもさぁ〜
パシャリ
サブリナ
タケル
ムツキ

タケルは気弱《きよわ》だなぁ。
そんなんだからすぐ動物《どうぶつ》に追《お》い回《まわ》されるんだぞ。
ボクも直《なお》したいと思《おも》ってるよ～。
だからここに来《き》たのヨ！
フッフッフ～
願《ねが》いを言《い》うがよい
神
※サブリナのイメージ
ワタシが入手《にゅうしゅ》した情報《じょうほう》によると…。
ここに封印《ふういん》されてる神様《かみさま》においのりするとどんな願《ねが》いもかなう
…らしいヨ。
ホントか～？
ゴクリ…

その気弱《きよわ》な性格《せいかく》も
きっと直《なお》して
くれるヨ！
ビシッ！
じゃ、さっそく。
よっこいせ
パシャ
パシャ
もうちょっとだけ
待《ま》ってよ～！
ぬおりゃあああ
ブォッ
心《こころ》の準備《じゅんび》が…
ピコ
カッ

モモモモモ‥
ギャアアアアアア‥
シュウウウウン‥‥‥
アレ?

ゴ
ゴ
ゴ
ゴ
ゴ
ギリ…
アワワワ
チッテ
レー
オレちゃん
復活《ふっかつ》★
君《きみ》たちが封印《ふういん》解《と》いてくれたの？
マジ感謝《かんしゃ》
シカがしゃべってる…
エエッ!?
ブン
ブン
石《いし》の下《した》から突然《とつぜん》現《あらわ》れたシカ(?)の正体《しょうたい》は？
そして、タケルの願《ねが》いはかなうのでしょうか…。

1 章《しょう》

日本の食《た》べ物《もの》

オレちゃんの名《な》はモミジ!
シャキーーーン☆
シクヨロー!!
おわっ
なんでしゃべれるの?
何者《なにもの》なの!?
チャラいし!
名前以外《なまえいがい》は覚《おぼ》えてないんだよネ…。
えー
じゃあ、願《ねが》い事《ごと》がかなうほこらの伝説《でんせつ》は?
ウソなの?
知《し》らないケド
願《ねが》い事《ごと》ならこの角《つの》で簡単《かんたん》に…
あたた
ふた
簡《かん》単《たん》に…
カンタンに…

角《つの》が…
カハッ
ない!!
オレちゃんの角《つの》が〜。
あぁ…
悲《かな》しいときはご飯《はん》を食《た》べヨ!
ウン!
持《も》っていきなさい。
えー、でも
持《も》っていきなさい!
…ハイ
グウウウウ…
切《き》りかえ早《はや》いな…
おにぎり食《た》べる?
いただきまっす!
ガブリッ
わぁ!!
お米《こめ》うんまぁ〜
おぉ…

お米《こめ》ってすごい！

日本の食卓《しょくたく》に欠《か》かせないお米《こめ》，いいところがたくさんあるよ！

栄養《えいよう》がたっぷり！

パワーの源《みなもと》のでんぷん，脂質《ししつ》やたんぱく質《しつ》，ビタミンやミネラルがふくまれ，消化《しょうか》・吸収《きゅうしゅう》もとてもいいんだ！

品種《ひんしゅ》が豊富《ほうふ》！

お米《こめ》にもいろいろな品種《ひんしゅ》があって，風《ふう》味《み》や食感《しょっかん》がバラエティーに富《と》んでいるよ！

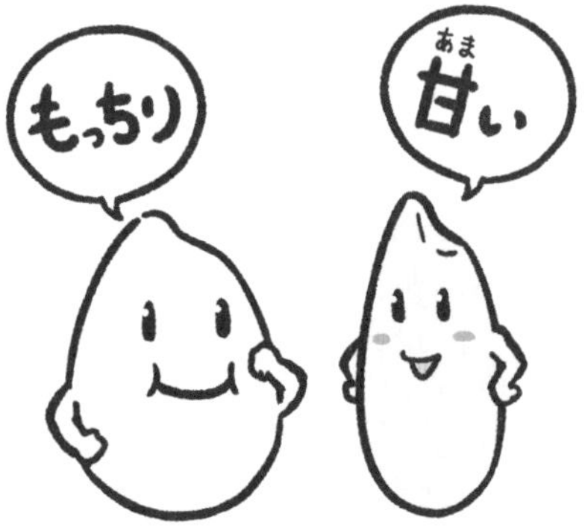

お米《こめ》だけでおいしい！

他《ほか》の食材《しょくざい》と一緒《いっしょ》に料理《りょうり》しなくても，炊《た》くだけでおいしく食《た》べられるよ！

たくさんとれる！

１粒《つぶ》のお米《こめ》（種《たね》もみ）から１本《ぽん》の苗《なえ》が育《そだ》ち，そこから約《やく》400粒《つぶ》※のお米《こめ》がとれる計算《けいさん》なんだ！

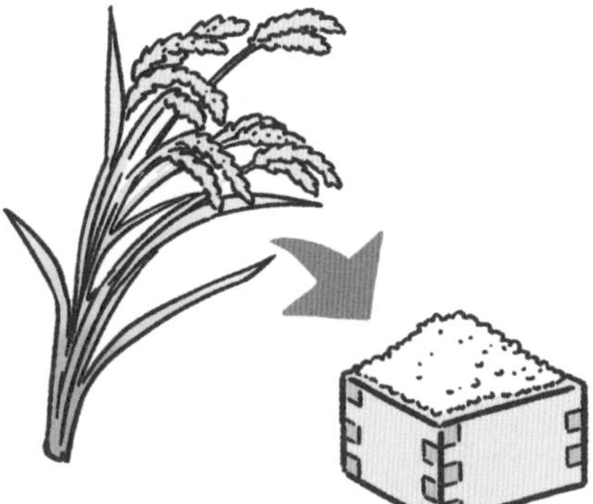

※品種《ひんしゅ》によって違《ちが》いがあります。

※海外《かいがい》では，お米《こめ》は具材《ぐざい》のひとつとして使《つか》われることが多《おお》い（パエリア，リゾットなどが代表的《だいひょうてき》）。

お米《こめ》はいろいろなものに大変身《だいへんしん》！

お米《こめ》は炊《た》いて食《た》べる以外《いがい》にも，日本ならではのいろいろな食品《しょくひん》の原料《げんりょう》として活用《かつよう》できるんだ！

せんべい

①お米《こめ》を蒸《む》す。

②お米《こめ》を練《ね》ってうすくのばす。

③型抜《かたぬ》きして乾燥《かんそう》させる。

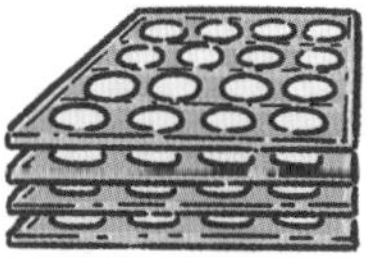

④焼《や》いて味付《あじつ》けする。

米《こめ》こうじ

炊《た》いたお米《こめ》にこうじ菌《きん》を付着《ふちゃく》させ発酵《はっこう》させたもの。

甘酒《あまざけ》，日本酒《しゅ》

みそ

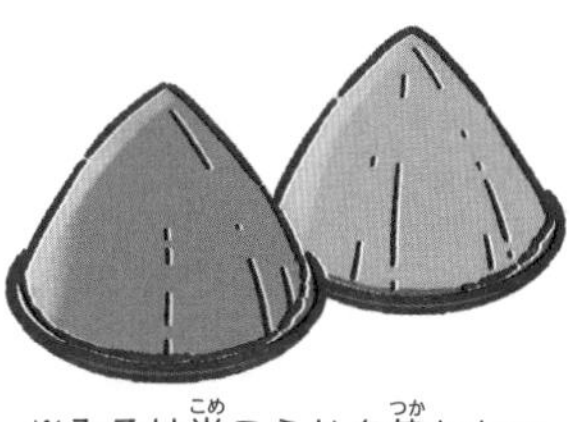

※みそは米《こめ》こうじを使《つか》わないものもある。

みりん

2種類《しゅるい》のお米《こめ》

うるち米《まい》…ふだん，ご飯《はん》として炊《た》いて食《た》べているお米《こめ》。
もち米《ごめ》…もちや赤飯《せきはん》，おこわなどを作《つく》るためのお米《こめ》。
うるち米《まい》よりも粘《ねば》り気《け》が強《つよ》い。

ニュ〜ン
お米《こめ》はやっぱり元気《げんき》が出《で》るよネ〜。
ゴチで〜す
あっ!
角《つの》が!
ホントだ
オー
伸《の》びてる!
角《つの》が戻《もど》ればタケルの願《ねが》いもかなえられるかもヨ。
本当《ほんとう》に!?
じゃあついでに…。
ワタシたちもお願《ねが》いする…?
なぁ
ウン
どんどん食《た》べて角《つの》を伸《の》ばそう!
ヨシ!
おやつ全部《ぜんぶ》あげる!
お菓子《かし》とかなんかイロイロ!
その辺《へん》の草《くさ》でもイイ?
せめて食《た》べ物《もの》にしてもらってイイ?

海外《かいがい》でも人気《にんき》!?　日本のお弁当《べんとう》

冷《さ》めてもおいしく食《た》べられる日本のお米《こめ》を使《つか》ったお弁当《べんとう》は，一度《いちど》にいろいろなおかずを楽《たの》しめて栄養《えいよう》バランスもとりやすい。海外《かいがい》でも注目《ちゅうもく》を集《あつ》めているよ。

海外《かいがい》でも「Bento《ベントー》」で通《つう》じるらしいぞ！

幕《まく》の内弁当《うちべんとう》

歌舞伎《かぶき》の観客《かんきゃく》が，休《きゅう》けい時間《じかん》（幕間《まくあい》）に食《た》べていた弁当《べんとう》が由《ゆ》来《らい》とされている。俵形《たわらがた》のおにぎりに，卵焼《たまごや》き，焼《や》き魚《ざかな》，煮《に》物《もの》など，たくさんのおかずが入《はい》っている。

母《かあ》さんのお弁当《べんとう》もおいしいよ！

駅弁《えきべん》

全国各地《ぜんこくかくち》の鉄道駅《てつどうえき》や列車内《れっしゃない》で売《う》られている，特産《とくさん》品《ひん》を使《つか》ったバラエティー豊《ゆた》かな弁当《べんとう》。

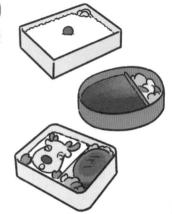

どうすれば角《つの》が伸《の》びるんだろ？
グムムー
お菓子《かし》じゃダメだったネエ…。
何《なに》かヒントでもあればな…。
ん？
バチ
バチ
角《つの》が光《ひか》ってる！
ヒントねー
ポゥ
力《ちから》が戻《もど》ったー
この方向《ほうこう》に手《て》がかりがありそー！
レーダーみたいだね！
行《い》ってみよー！
ここって…。
スーパーじゃん？
スーパー
やす

スゴくな～い？
オレちゃんの能力《のうりょく》。
どう？どう？
う～ん
食《た》べ物《もの》につられただけじゃないの？
この中《なか》にヒントがあるかもっショ？
おにぎりみたいにサ。
なんだよもー
リアクションうすいな～
何《なに》かないかな…。
ムゥ…
パンとか？
あっ！
おすしコーナー発見《はっけん》！
ちょ、待《ま》って！
ト～ツゲキ～
ピュ
おすしなんてぜいたくじゃない？
ごちそうじゃん！
ハハ～ン
わかってないネェ～。
ちがうの？

おすしは江戸時代《えどじだい》のファストフードだった！

江戸時代《えどじだい》，江戸《えど》の町《まち》（現在《げんざい》の東京《とうきょう》の中心地《ちゅうしんち》）には手軽《てがる》に食事《しょくじ》できる屋台《やたい》がたくさんあった！　おすしは，そばや天《てん》ぷらと並《なら》ぶ人気《にんき》の「ファストフード」だったんだよ！

生魚《なまざかな》はなかった！

おすしのネタは，煮《に》た貝《かい》やエビ，酢《す》でしめたりしょうゆに漬《つ》けた魚《さかな》などが主流《しゅりゅう》だった。冷蔵庫《れいぞうこ》がなかったので，調理方法《ちょうりほうほう》を工夫《くふう》して食材《しょくざい》を保存《ほぞん》していた。

大《おお》きさは現在《げんざい》の倍以上《ばいいじょう》だった！

江戸時代《えどじだい》のおすしは大《おお》きく食《た》べづらかったため，2つに切《き》って食《た》べるようになった。現在《げんざい》のおすしが1皿《さら》に2貫盛《かんも》られているのは，そのためだとされている。

立《た》ち食《ぐ》いだった！

せっかちな江戸《えど》っ子《こ》にとって，立《た》ったまま手軽《てがる》に食《た》べられるおすしは人気《にんき》だった。

- トロは脂《あぶら》が多《おお》く，くさりやすいので人気《にんき》がなかった！
- くさるのを防《ふせ》ぐためにワサビを使《つか》ったといわれている！
- ご飯《はん》にも具材《ぐざい》にも味《あじ》が付《つ》いていたので，しょうゆを付《つ》けずに食《た》べていたらしい！

いろいろな日本のおすし

全国各地《ぜんこくかくち》の郷土料理《きょうどりょうり》には，いろいろなおすしがあるよ！

イカずし（青森県《あおもりけん》）

ゆでたイカの胴体《どうたい》に，小《ちい》さく切《き》ったイカの足《あし》と，刻《きざ》んだ野菜《やさい》などをつめこんで酢《す》に漬《つ》けこむ。ご飯《はん》は使《つか》わない。

マスずし（富山県《とやまけん》）

丸《まる》い木《き》のおけにささの葉《は》をしきつめ，酢《す》飯《めし》を押《お》しこんで，うすく切《き》って塩《しお》と酢《す》にひたしたマスをのせる。

ばらずし（岡山県《おかやまけん》）

江戸時代《えどじだい》，「おかずは１品《ぴん》だけ」と命《めい》じられた人々《ひとびと》が工夫《くふう》をこらし，ご飯《はん》にいろいろな具材《ぐざい》を混《ま》ぜこんで食《た》べたのがルーツ。

太巻《ふとま》きずし（千葉県《ちばけん》）

桜《さくら》でんぶ，野菜《やさい》などのさまざまな具《ぐ》を，のりやうす焼《や》き卵《たまご》で巻《ま》いたおすし。切《き》り口《くち》が色鮮《いろあざ》やか。

かぶらずし（石川県《いしかわけん》）

塩漬《しおづ》けしたカブに，魚《さかな》や野菜《やさい》などの具材《ぐざい》をはさみ，米《こめ》こうじで漬《つ》けこんで発酵《はっこう》させた「なれずし」の一種《いっしゅ》。

江戸前《えどまえ》ずし（東京都《とうきょうと》）

にぎりずしはもともと東京《とうきょう》の郷土料理《きょうどりょうり》。江戸《えど》の目《め》の前《まえ》の海《うみ》（東京湾《とうきょうわん》）でとれる魚《さかな》を使《つか》うことから「江戸前《えどまえ》ずし」と呼《よ》ばれるようになった。

伸《の》びた！
ニューーン
オォ！
何《なに》がきっかけなんだろ？
ドゾ～
納豆巻《なっとうま》きのご試食《ししょく》いかがですか～？
納豆祭《なっとうまつ》り
これ食《た》べてみたら？
ヴッ
ずい
おすしの話《はなし》で角《つの》が伸《の》びたし。
プイン
納豆《なっとう》は苦手《にがて》なんだよネ～。
納豆《なっとう》は体《からだ》にいいのに！
納豆以外《なっとういがい》のおすしはないの？
えーっ
あっ、じゃあタマゴで！
大将《たいしょう》！オレ、マグロね！
ここはおすし屋《や》さんじゃないですよ～。
やす
大将《たいしょう》じゃなくて店長《てんちょう》ね…

江戸《えど》のファストフード

江戸《えど》っ子《こ》に大人気《だいにんき》だったそばと天《てん》ぷらは，おすしと同《おな》じで立《た》ち食《ぐ》いだったんだよ！

そばの屋台《やたい》

屋台《やたい》の真《ま》ん中《なか》についている棒《ぼう》をかついで，食材《しょくざい》や食器《しょっき》ごと移動《いどう》した。

そばの値段《ねだん》は１杯《ぱい》16文《もん》ぐらい。現在《げんざい》のお金《かね》にすると200～400円《えん》ぐらいだった。

天《てん》ぷらの屋台《やたい》

魚《さかな》や野菜《やさい》などを１切《き》れずつくしに刺《さ》し，衣《ころも》をつけてあげたものにつゆをつけて食《た》べた。

家《いえ》の中《なか》で油《あぶら》を使《つか》うと火事《かじ》になる危険《きけん》があるため，屋台《やたい》で天《てん》ぷらをあげて売《う》っていた。

覚《おぼ》えておきたい！　食事《しょくじ》のマナー

マナーを守《まも》って，気持《きも》ちよく食事《しょくじ》をしよう！

してはいけないはしの使《つか》い方《かた》

× 食器《しょっき》をはしで引《ひ》き寄《よ》せる
寄《よ》せばし

お皿《さら》は手《て》で持《も》って動《うご》かそう。

× はしで食《た》べ物《もの》をやりとりする
拾《ひろ》いばし

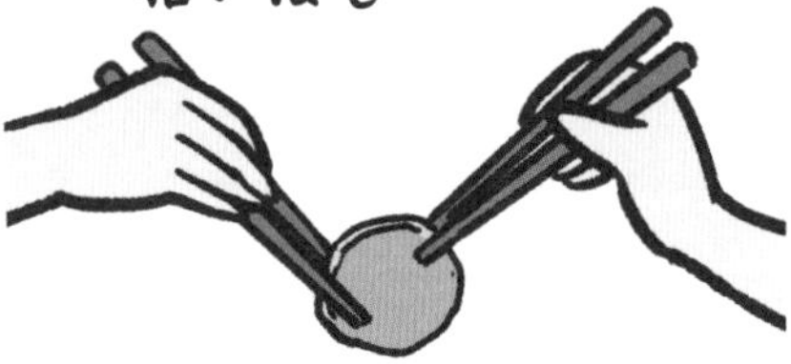

お皿《さら》に取《と》って渡《わた》そう。

× 食事《しょくじ》の途中《とちゅう》ではしを食器《しょっき》の上《うえ》にのせる
渡《わた》しばし

はしを置《お》くときは，はし置《お》きを使《つか》おう。

× 食《た》べ物《もの》にはしをつき刺《さ》す
刺《さ》しばし

おかずは，はさんで持《も》ち上《あ》げよう。

食《た》べる時《とき》にしてはいけない姿勢《しせい》

× 食器《しょっき》に顔《かお》を近《ちか》づける

手《て》で器《うつわ》を持《も》ち上《あ》げると姿勢《しせい》が良《よ》くなる。

× ひじをつく

テーブルにひじをつかないよう
気《き》をつけよう。

※食事《しょくじ》のマナーは国《くに》によって違《ちが》います。

食事《しょくじ》に関《かか》わることわざ・慣用句《かんようく》

朝飯前《あさめしまえ》

意味《いみ》 朝《あさ》ご飯《はん》を食《た》べる前《まえ》の空腹《くうふく》の時《とき》や短《みじか》い時《じ》間《かん》でもできるほど，簡単《かんたん》なことのたとえ。

例文《れいぶん》…これぐらいの計算問題《けいさんもんだい》なら，ボクには**朝飯《あさめし》前《まえ》**だよ。

絵《え》に描《か》いたもち

意味《いみ》 見《み》るだけで食《た》べられないことから，役《やく》に立《た》たないこと，実現《じつげん》する見《み》こみがないことのたとえ。

例文《れいぶん》…君《きみ》の夏休《なつやす》みの計画《けいかく》は，まるで**絵《え》に描《か》いたもち**だ。

同《おな》じ釜《かま》の飯《めし》を食《く》う

意味《いみ》 釜《かま》とは，ご飯《はん》を炊《た》くための昔《むかし》の道具《どうぐ》のこと。苦楽《くらく》を共《とも》にした親《した》しい間柄《あいだがら》であることのたとえ。

例文《れいぶん》…チームメイトとは**同《おな》じ釜《かま》の飯《めし》を食《く》った**仲《なか》だ。

花《はな》より団子《だんご》

意味《いみ》 風流《ふうりゅう》なものより，実際《じっさい》の利益《りえき》があるものを好《この》むという意味《いみ》。風流《ふうりゅう》なものを味《あじ》わえない人《ひと》への皮肉《ひにく》の意味《いみ》もある。

例文《れいぶん》…お花見《はなみ》に来《き》たのにみんな食《た》べてばかりで，まさに**花《はな》より団子《だんご》**だった。

すごいぞ！発酵食品《はっこうしょくひん》

こう見《み》えて、オレちゃん神様《かみさま》の使《つか》いなのヨー。
修《しゅ》行中《ぎょうちゅう》だけど
神様《かみさま》の使《つか》い？
スゴ！
だんだん思《おも》い出《だ》してきてサ！
そうそう
おすしいっぱい食《た》べたら記憶《きおく》も戻《もど》っちゃったり〜？
いただきま〜す
現代《げんだい》のおすしはイイねぇ〜。生《なま》の魚《さかな》がのってるんだ！
うんま〜
おすしは生《なま》がフツーでしょ？
昔《むかし》のおすしは発酵食品《はっこうしょくひん》だったらしいよ。
ぷわ〜ん
ウェ！
くさってるってこと？
いや、発酵《はっこう》とくさるのはちょっと違《ちが》うらしいぞ。
どゆコト？

日本《に ほん》の発酵食品《はっこうしょくひん》

ふだんの食事《しょくじ》や調味料《ちょうみりょう》には，発酵食品《はっこうしょくひん》がたくさん！

日本の発酵食品《はっこうしょくひん》の例《れい》

納豆《なっとう》

漬《つ》け物《もの》

みそ

しょうゆ

これが発酵《はっこう》だ！

微生物《びせいぶつ》（菌《きん》）が食品《しょくひん》にくっつく。

微生物《びせいぶつ》が栄養分《えいようぶん》を分解《ぶんかい》する。

分解《ぶんかい》された栄養分《えいようぶん》が，人《ひと》の体《からだ》にとって役《やく》に立《た》つ別《べつ》のものに変化《へんか》する。

微生物《びせいぶつ》とは？…酵母菌《こうぼきん》，乳酸菌《にゅうさんきん》，納豆菌《なっとうきん》などの，とても小《ち》さな生物《せいぶつ》。
大豆《だいず》に納豆菌《なっとうきん》がくっついてできたものが納豆《なっとう》だよ！

発酵《はっこう》と腐敗《ふはい》のちがい

発酵《はっこう》…菌《きん》の働《はたら》きで，食品《しょくひん》が人間《にんげん》の体《からだ》にとって良《よ》いものに変化《へんか》すること。

腐敗《ふはい》…菌《きん》の働《はたら》きで，食品《しょくひん》が人間《にんげん》の体《からだ》にとって悪《わる》いものに変化《へんか》すること。

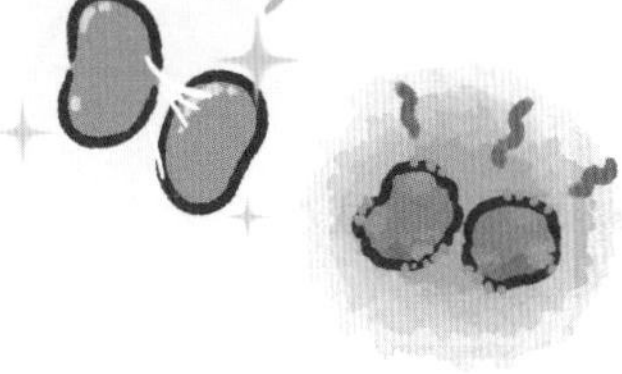

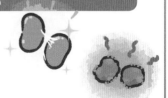

発酵食品《はっこうしょくひん》のパワー

栄養《えいよう》がアップする！

微生物《びせいぶつ》が栄養分《えいようぶん》を分解《ぶんかい》することで，ビタミンなどの栄養分《えいようぶん》の量《りょう》が元《もと》の食品《しょくひん》よりも増《ふ》える。

長持《ながも》ちする！

発酵《はっこう》してできた菌《きん》が，食品《しょくひん》をくさらせる菌《きん》の増加《ぞうか》を防《ふせ》ぐので，元《もと》の状態《じょうたい》よりも長《なが》い期間保存《きかんほぞん》できるようになる。

味《あじ》や香《かお》りが良《よ》くなる！

微生物《びせいぶつ》が栄養分《えいようぶん》を分解《ぶんかい》することでアミノ酸《さん》（うまみのもとになる成分《せいぶん》）が作《つく》られるので，元《もと》の状態《じょうたい》よりもおいしくなる。

世界《せかい》の発酵食品《はっこうしょくひん》

世界各地《せかいかくち》にもさまざまな発酵食品《はっこうしょくひん》が！　身近《みぢか》な食《た》べ物《もの》もあるね。

チーズ

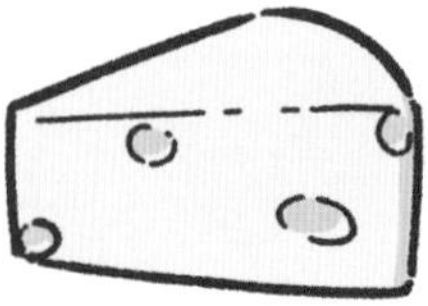

ヨーグルト

キムチ

現代《げんだい》のおすしサイコー☆
もう1個《こ》食《た》べちゃお!
ピッ
しょうゆ
うわっ
あっ!
ゴ、ゴメンちゃ~い!でも今日中《きょうじゅう》に洗《あら》えば落《お》ちるっショ!
ヘラ
ヘラ
ピク
そだね…
へ、平気《へいき》…かな~。
イイじゃん♪
まぁ~た、タケルはそうやって!
こういうときはガツンと言《い》わないと!
何《なん》とかせねば…。
ヤベ~
ゴメン…
ナゼぼくが…
わっ!!
ヴォウォウォウォ‥
ふぬう…
アレ!? シミが消《き》えてく!
スゥー

何《なに》やったの!?
もう1回《かい》やって!
オー
ちょっと時間《じかん》を巻《ま》き戻《もど》したんだよネ。
納豆《なっとう》もこの力《ちから》を使《つか》えば…
大豆《だいず》に戻《もど》って…
ヴォウォウォ
新食感《しんしょっかん》♪
ソレ食《た》べんの?
モシャ
モシャ
今《いま》のオレちゃんでは効果《こうか》が続《つづ》かないみたい…。
グスン
ネバァ
クハァ…
イ!
納豆《なっとう》になってるじゃん!
ややっ!
シミも復活《ふっかつ》してる!
あんまりだぁ~。
で、でも今日中《きょうじゅう》に洗《あら》えば落《お》ちるデショ?
結局《けっきょく》それか!
ゴォ

どれが好《す》き？　日本の定番《ていばん》メニュー

日本人《じん》は明治時代《めいじじだい》に外国《がいこく》から新《あたら》しく入《はい》ってきた西洋《せいよう》の文化《ぶんか》や食事《しょくじ》をうまく日本風《ふう》にアレンジした。このころに誕生《たんじょう》したメニューは，今《いま》でも日本人《じん》になじみの深《ふか》い料理《りょうり》となっている。

日本食《しょく》って
バラエティー豊《ゆた》かだね。
これも日本の
メニューなの？

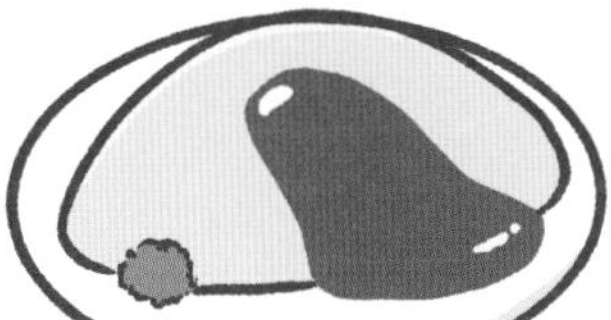
オムライス

すき焼《や》き

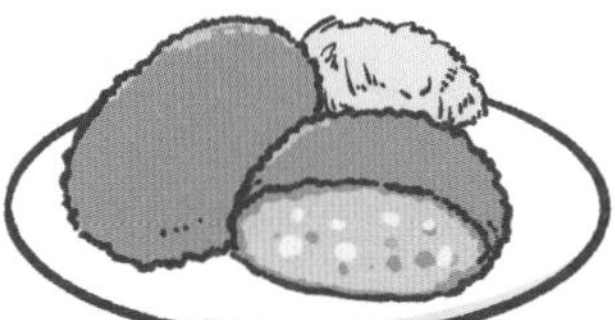
コロッケ

カレーライス

とんかつ

肉《にく》じゃが

※料理《りょうり》の発祥《はっしょう》については諸説《しょせつ》あります。

大豆《だいず》の大変身《だいへんしん》！

みそ

蒸《む》した大豆《だいず》をつぶし，
塩《しお》とこうじ菌《きん》を加《くわ》えて
発酵《はっこう》させたもの。

しょうゆ

蒸《む》した大豆《だいず》，いった小麦《こむぎ》，
こうじ菌《きん》に塩水《しおみず》を加《くわ》え，
発酵《はっこう》させてしぼったもの。

きな粉《こ》

いった大豆《だいず》を
粉《こな》にしたもの。

大豆《だいず》からは，和食《わしょく》に
使《つか》われるたくさんの
食品《しょくひん》が作《つく》られるよ！

豆乳《とうにゅう》

大豆《だいず》を水《みず》にひたし
て細《こま》かくくだき，熱《ねっ》
してしぼったもの。

ゆば

豆乳《とうにゅう》を熱《ねっ》したときに
表面《ひょうめん》にできるまく。

とうふ

豆乳《とうにゅう》を「にがり」という
液体《えきたい》を使《つか》って固《かた》めたもの。

おから

豆乳《とうにゅう》をしぼったかす。

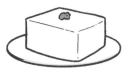

和食《わしょく》の特徴《とくちょう》

ふだん何気《なにげ》なく食《た》べている和食《わしょく》だけど，
ユネスコ無形文化遺産《むけいぶんかいさん》※にも登録《とうろく》されている，
日本の大切《たいせつ》な文化《ぶんか》なんだヨ。

※食《しょく》や芸能《げいのう》など，具体的《ぐたいてき》な形《かたち》がなく，その土地《とち》の歴史《れきし》や風習《ふうしゅう》と関《かか》わりの深《ふか》い文化《ぶんか》のこと。

栄養《えいよう》バランスの取《と》れた一汁三菜《いちじゅうさんさい》

- ご飯《はん》に汁物《しるもの》，主菜《しゅさい》1品《しな》と副菜《ふくさい》2品《しな》というこんだてを「一汁三菜《いちじゅうさんさい》」という。
- 主菜《しゅさい》（魚《さかな》など）でたんぱく質《しつ》，副菜《ふくさい》（野《や》菜《さい》やいも類《るい》）でビタミン・ミネラルをとることができ，栄養《えいよう》バランスが良《よ》い。

旬《しゅん》の食材《しょくざい》を使《つか》った季節感《きせつかん》のある料理《りょうり》

- 季節《きせつ》ごとの旬《しゅん》の食材《しょくざい》を使《つか》う。
- 夏《なつ》には透明《とうめい》なガラス容器《ようき》を使《つか》うなど，盛《も》り付《つ》けでも季節感《きせつかん》を大事《だいじ》にする。

例《れい》 春《はる》：たけのこご飯《はん》
夏《なつ》：焼《や》きなす
秋《あき》：さんまの塩焼《しおや》き
冬《ふゆ》：ふろふき大根《だいこん》

年中行事《ねんちゅうぎょうじ》との深《ふか》い関《かか》わり

- 正月《しょうがつ》やひな祭《まつ》りなどの年中行事《ねんちゅうぎょうじ》で，毎年《まいとし》決《き》まった郷土料理《きょうどりょうり》を食《た》べる習慣《しゅうかん》が全国各地《ぜんこくかくち》にある。

例《れい》 雑煮《ぞうに》（正月《しょうがつ》）
かしわもち（端午《たんご》の節句《せっく》）
月見団子《つきみだんご》（十五夜《じゅうごや》➡ p.92）
年越《としこ》しそば（大《おお》みそか）

見《み》つけたぞ！
モミジ！
ゴチーン
悪《あく》たれ小《こ》ジカめ！
何《なに》アレ!?
石《いし》がしゃべってる!?
ワシと一緒《いっしょ》に来《く》るんじゃ！
知《し》り合《あ》い？
どちらサマでしょ～？
あ！
モミジを封印《ふういん》してた石《いし》だよ！
また封印《ふういん》しにきたってコト？
サブリナが投《な》げたヤツ！

そのシカを野放《のばな》しにすれば いずれ大《おお》きな災《わざわ》いが 起《お》こるのだ…。
逃《のが》しはせんぞ！
覚悟《かくご》！
ドス
ドス
来《き》た！
みんな集《あつ》まって！
そして…
こう！
こう？
何《なに》？このポーズ！
パッ
!!
ズザァー
どこへ消《き》えた？
ムクリ
ちょこざいなぁ～
ドコだぁー

ザザーーン
ザザーン
パッ
えっ!? ココどこ?
日本のどっか。
どっか?
なんてアバウトな!
行《い》き先《さき》はわからないの?
アーヤレヤレ
何回《なんかい》かワープしてればそのうち帰《かえ》れるでショ。
あのポーズ毎回《まいかい》やるの?
パッ
パッ
パッ…
全然《ぜんぜん》帰《かえ》れないじゃん!
なんとかなるっショ♪
パッ

夕方《ゆうがた》
カァーー
パッ
やっと帰《かえ》ってこられた〜。
ドコだぁ〜…
いろいろ見《み》られたし楽《たの》しかった〜。
おぉ〜い。
ゼェ
ゼェ
ゼェ
ヨタ
ヨタ
封印《ふういん》の石《いし》!
忘《わす》れてた!
もう逃《に》がさん!おとなしくお縄《なわ》に…
ずっと探《さが》し回《まわ》ってたの!?
スゴイ
そんなことよりそのシカを…
つかれたでしょ?
じゃあ、今日《きょう》はもう帰《かえ》りな。
う、うむ。
あっ、お土産《みやげ》いる?
おつかれさま〜。
ありがとな!
あれ?

日本全国《ぜんこく》の特産品《とくさんひん》

青森県《あおもりけん》

にんにく／りんご

北海道《ほっかいどう》

じゃがいも／たまねぎ

山形県《やまがたけん》

さくらんぼ

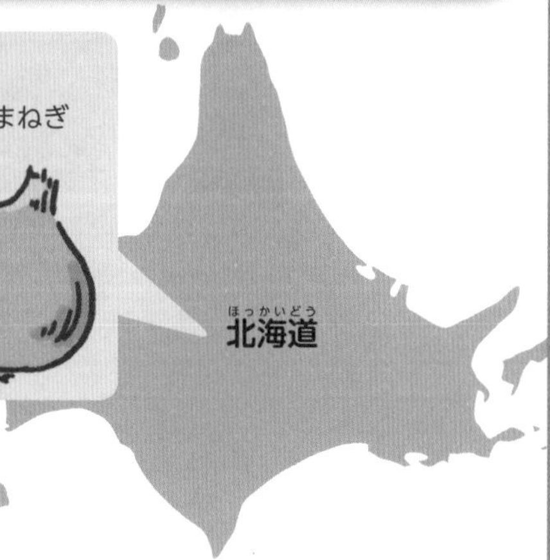

北海道《ほっかいどう》
青森県《あおもりけん》
秋田県《あきたけん》
岩手県《いわてけん》
山形県《やまがたけん》
宮城県《みやぎけん》
石川県《いしかわけん》
新潟県《にいがたけん》
富山県《とやまけん》
福島県《ふくしまけん》
長野県《ながのけん》
群馬県《ぐんまけん》
栃木県《とちぎけん》
埼玉県《さいたまけん》
茨城県《いばらきけん》
山梨県《やまなしけん》
東京都《とうきょうと》
神奈川県《かながわけん》
静岡県《しずおかけん》
千葉県《ちばけん》

茨城県《いばらきけん》

メロン

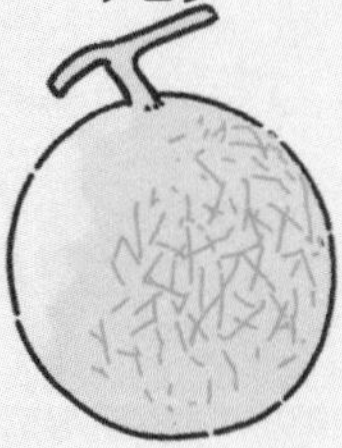

千葉県《ちばけん》

日本なし

栃木県《とちぎけん》

かんぴょう／いちご

静岡県《しずおかけん》

茶《ちゃ》

山梨県《やまなしけん》

ぶどう

長野県《ながのけん》

くるみ

新潟県《にいがたけん》

まいたけ

熊本県《くまもとけん》
すいか

宮崎県《みやざきけん》
きゅうり

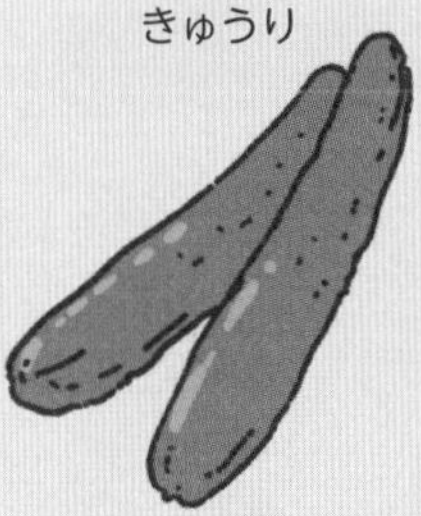

鹿児島県《かごしまけん》
さつまいも

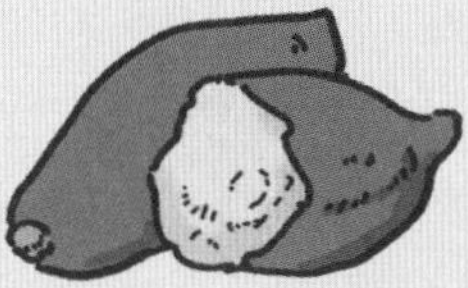

広島県《ひろしまけん》
レモン

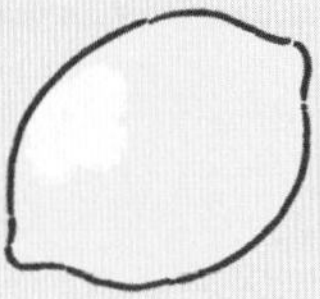

鳥取県《とっとりけん》
らっきょう

愛媛県《えひめけん》
キウイフルーツ／
いよかん

徳島県《とくしまけん》
すだち

高知県《こうちけん》
なす

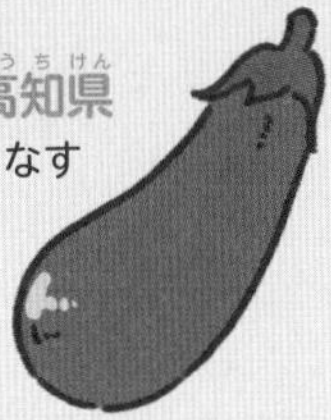

島根県《しまねけん》
鳥取県《とっとりけん》
山口県《やまぐちけん》
広島県《ひろしまけん》
岡山県《おかやまけん》
福井
福岡県《ふくおかけん》
佐賀県《さがけん》
兵庫県《ひょうごけん》
京都府《きょうとふ》
長崎県《ながさきけん》
滋賀
大分県《おおいたけん》
愛媛県《えひめけん》
香川県《かがわけん》
大阪府《おおさかふ》
熊本県《くまもとけん》
徳島県《とくしまけん》
高知県《こうちけん》
奈良県《ならけん》
三重
和歌山県《わかやまけん》
宮崎県《みやざきけん》
鹿児島県《かごしまけん》

沖縄県《おきなわけん》

沖縄県《おきなわけん》
パイナップル／
マンゴー

和歌山県《わかやまけん》
みかん

日本神話《しんわ》　その❶　入門編《にゅうもんへん》

日本には古《ふる》くからたくさんの神様《かみさま》（八百万《やおよろず》の神《かみ》）がいるといわれているよ。そんな神様《かみさま》たちが数多《かずおお》く登場《とうじょう》する「日本神話《しんわ》」という物語《ものがたり》を知《し》っているかな？

日本神話《しんわ》って何《なに》？

日本に古《ふる》くから伝《つた》わる，神様《かみさま》の伝説《でんせつ》や昔話《むかしばなし》だよ。

どんなお話《はなし》なの？

日本という国《くに》がどのように誕《たん》生《じょう》したのか，どんな神様《かみさま》がいたのかなどが書《か》かれているよ。

いつ書《か》かれたの？

奈良時代《ならじだい》（8世紀《せいき》）に作《つく》られた『古事記《こじき》』や『日本書紀《しょき》』という歴史書《れきししょ》などに書《か》かれているよ。

実話《じつわ》なの？

日本各地《かくち》にあった言《い》い伝《つた》えなどをもとに創作《そうさく》された物語《ものがたり》だとされているよ。

どんなお話《はなし》か，あらすじを見《み》てみよう！➡ p.56

2章《しょう》

日本の暮《く》らし

和《わ》服《ふく》を着《き》てみたい！

ワシには使命《しめい》があるんじゃ！
つべこべ言《い》わずにそのシカを渡《わた》せ！
ゴー
わっ！
イチ
ニッ
ガ
ザ
？
あわわ！
ボミョン
サッ
あっ！日《ひ》の本山《もとやま》！
あれっ！サブリナちゃん！
お知《し》り合《あ》い？
ごっつぁんです！
うん！
近所《きんじょ》のすもう部屋《べや》の力士《りきし》さん！今日《きょう》の着物《きもの》もかっこいいね！
ちょっと待《ま》て…。
ガサ
それは着物《きもの》ではなく浴衣《ゆかた》じゃ。
ワ！
そんなトコロに!?

浴衣《ゆかた》はどんなときに着《き》る？

浴衣《ゆかた》は手軽《てがる》に着《き》られる着物《きもの》の一種《いっしゅ》で，家《いえ》でくつろぐときや，暑《あつ》い季節《きせつ》にすずしく過《す》ごすためのふだん着《ぎ》だよ！

旅館《りょかん》で

ふろ上《あ》がりや寝《ね》るときなど，もともとは家《いえ》でくつろぐために着《き》るものだった。

ゆ

お祭《まつ》りで

家《いえ》の中《なか》だけでなく，暑《あつ》い日《ひ》の簡《かん》単《たん》な外出着《がいしゅつぎ》としても着《き》られるようになった。

浴衣《ゆかた》を着《き》るために準備《じゅんび》するもの（女性《じょせい》の場合《ばあい》）

帯板《おびいた》
伊達《だて》じめ
肌《はだ》じゅばん
（下着《したぎ》）
半《はん》はば帯《おび》
げた
準備《じゅんび》するものが着物《きもの》よりも少《すく》ないんじゃ。
げたははだしではくんだね。

着物《きもの》はどんなときに着《き》る？

着物《きもの》は公式《こうしき》な場《ば》に着《き》ていく外出用《がいしゅつよう》の正装《せいそう》のひとつだよ。

七五三《しちごさん》

ひな祭《まつ》り

端午《たんご》の節句《せっく》

結婚式《けっこんしき》

ほかに，正月《しょうがつ》，学校《がっこう》の卒業式《そつぎょうしき》，成人式《せいじんしき》などでも着《き》られる。
人生《じんせい》の節目《ふしめ》や，気持《きも》ちを新《あら》たにするときなどに着《き》ることが多《おお》い。

着物《きもの》を着《き》るために準備《じゅんび》するもの（女性《じょせい》の場合《ばあい》）

長《なが》じゅばん
半《はん》えり
帯《おび》あげ
肌《はだ》じゅばん（下着《したぎ》）
帯《おび》まくら
帯《おび》じめ
すそよけ（下着《したぎ》）
帯《おび》
たび
げた，ぞうり

昔《むかし》から着物《きもの》と浴衣《ゆかた》を使《つか》い分《わ》けていたんじゃな～。
うん うん
ニュニューーン
角《つの》が伸《の》びてる！
食《た》べ物《もの》の話《はなし》じゃなくてもいいんだ！サンキューカナメちゃん♪
イエーイ
ありがとー
なぬ!?
お主《ぬし》の角《つの》のために説明《せつめい》したわけではないい！
やっぱり今《いま》のナシ！
ちょっと戻《もど》ってこい！
あれっ！降《お》りられん！
じゃね～♪
あのままでいいの？
イイのイイの
パシャ

□は、
□て
ゆく人だ。

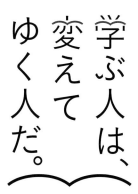

衣服《いふく》に関《かか》わることわざ・慣用句《かんようく》

帯《おび》に短《みじか》したすきに長《なが》し

由《ゆ》来《らい》 布《ぬの》の長《なが》さが，着物《きもの》の帯《おび》にするには短《みじか》く，たすきにするには長《なが》すぎる場合《ばあい》があることから，中途《ちゅうと》はんぱで役《やく》に立《た》たないという意味《いみ》。

例文《れいぶん》…このかばんは**帯《おび》に短《みじか》したすきに長《なが》し**だ。

えりを正《ただ》す

由《ゆ》来《らい》 えらい人物《じんぶつ》から話《はなし》を聞《き》くとき，自然《しぜん》と服《ふく》装《そう》を整《ととの》え姿勢《しせい》を正《ただ》したという中国《ちゅうごく》の故事《こじ》から，気持《きも》ちを引《ひ》きしめ物事《ものごと》に臨《のぞ》むという意味《いみ》。

例文《れいぶん》…**えりを正《ただ》し**て先生《せんせい》の話《はなし》を聞《き》いた。

そで振《ふ》り合《あ》うも多生《たしょう》の縁《えん》

由《ゆ》来《らい》 着物《きもの》のそでがふれる程度《ていど》のことも前世《ぜんせ》からの縁《えん》あってのことなので，どんな出会《であ》いも大《たい》切《せつ》にすべきという仏教《ぶっきょう》の教《おし》え。

例文《れいぶん》…**そで振《ふ》り合《あ》うも多生《たしょう》の縁《えん》**というし，この出会《であ》いも偶然《ぐうぜん》ではないだろう。

ぬれ衣《ぎぬ》を着《き》せる

由《ゆ》来《らい》 「ぬれ衣《ぎぬ》（＝ぬれた衣服《いふく》）」は「無実《むじつ》の罪《つみ》」をたとえた言葉《ことば》。無実《むじつ》の人《ひと》に罪《つみ》をかぶせるという意味《いみ》。

例文《れいぶん》…つまみ食《ぐ》いをしたと**ぬれ衣《ぎぬ》を着《き》せ**られた。

和《わ》服《ふく》のマナー

タケルの家《いえ》
なんでコソコソしてるの?
コソ〜リ
桃川《ももかわ》
うち動物《どうぶつ》ダメなんだよ!
カナメに見《み》つかるといけないからタケルの家《いえ》にかくまってよ。
スマネエ〜
ウチ、マンションで…
ウチも犬《いぬ》がいてさ…
まっ、ナントカなるっしょ!
二人《ふたり》ともさぁ…。
ハア…
ソソソソソ〜
スー
とりあえずかくれてて。
オケー
何《なに》をかくした?
ドキーン

ミ、ミコト!? ココには何《なに》も いないよ!
べつに角《つの》とか生《は》えてないからね!
ビタシ!!
母《かあ》さーん!! 兄《にい》ちゃんがなんか 動物《どうぶつ》かくしてる〜!!
角《つの》生《は》えてるってー!!
もうバレ ちゃったの〜?
え〜
スゥ
シカ!? 何《なん》なの!? しゃべるの?
ウォ!!
かしこいのねぇ
タケル〜。 大《おお》きなペットは まだダメって 言《い》わなかった?
オレちゃん ペットかい…
でも…
でも! モミジは 今《いま》、悪《わる》い石《いし》に ねらわれてて… あと、記憶《きおく》もなくて 困《こま》ってるから…
石《いし》?
フッ
助《たす》けてあげなくちゃ いけなくて、 えっと、だから…

そうねえ。
じゃあ飼《か》っちゃいましょうか!
いいの!?
動物《どうぶつ》に服《ふく》を着《き》せるのにあこがれてたのよね~。
ナニナニ?
タケルのおゆうぎ会《かい》の衣装《いしょう》だけどピッタリね。
羽織《はおり》だぁ~♪
ドンガラガッシャ~ン
ヒャホーッ
モミジ! そで!
母《かあ》さ~ん本当《ほんとう》に大丈夫《だいじょうぶ》?
あらあら
和服《わふく》を着《き》るときは気《き》をつけないとダメよ~。

和服《わふく》を着《き》たときのマナー

和服《わふく》を着《き》たときは，こんなことに気《き》をつけよう。

歩《ある》くとき

×

すそがめくれて
着《き》くずれる…

○

小《ちい》さな歩《ほ》はばで歩《ある》くと
着《き》くずれないよ！

いすに座《すわ》るとき

×

帯《おび》がつぶれて
しまう…

○

帯《おび》の厚《あつ》みの分浅《ぶんあさ》めに座《すわ》ろう！
足《あし》をそろえて背筋《せすじ》を伸《の》ばすと
きれいに見《み》えるよ！

物《もの》を取《と》るとき

×

たもとがくっついて
よごれてしまう…

○

手《て》で押《お》さえておくとよごれないし，
きれいなふるまいに見《み》えるよ！

手《て》を上《あ》げるとき

×

ひじが見《み》えるのは
ぎょうぎが悪《わる》い…

○

ひじを見《み》せないのがマナーだよ。
そで口《ぐち》を押《お》さえよう！

いろいろな和服《わふく》

和服《わふく》を着《き》る仕事《しごと》もたくさんあるよ。いろいろな和服《わふく》を見《み》てみよう！

和服《わふく》の着心地《きごこち》ってなつかしぃ〜。
ニュニュ〜ン
モミジ！また角《つの》が…！
もしかして、日本について思《おも》い出《だ》すと角《つの》が伸《の》びるんじゃない!?
そうか!!
あー！そうかも！
あとは父《とう》さんが何《なん》て言《い》うかネ…。
ガチャ
ただいまぁ〜。
んー？
父《とう》さん、実《じつ》は…。
うおおおおおお〜！
ついにわが家《や》も動物《どうぶつ》を飼《か》うのか！
ウッシャ!!
お父《とう》さん、本当《ほんとう》は大《おお》きい生《い》き物《もの》大好《だいす》きなのよ。
よかったー
ホッ
オレちゃんはペット枠《わく》なのネ…。

日本神話《しんわ》　その②　イザナギとイザナミ編《へん》

ずーっとずーっと大昔《おおむかし》…
まだ
「日本」がないころ…
この世《よ》に
たくさんの
神様《かみさま》が生《う》まれました。
その中《なか》に
イザナギと
イザナミという
二人《ふたり》の神様《かみさま》が
いました。
イザナギ
イザナミ
ほかの神様《かみさま》たちが
二人《ふたり》に命《めい》じました。
「国土《こくど》を固《かた》めて
整《ととの》えなさい！」
二人《ふたり》がほこで
海《うみ》をかき混《ま》ぜると…

たくさんの
島々《しまじま》が生《う》まれました！
国《くに》を造《つく》ったあと
イザナギとイザナミは
たくさんの神様《かみさま》を生《う》みました。
いろいろあって…
イザナギと
イザナミは
お別《わか》れして
しまいました…。
最後《さいご》に生《う》まれたのが
太陽《たいよう》の神《かみ》・アマテラスと
月《つき》の神《かみ》・ツクヨミ、
そして…
海《うみ》の神《かみ》・スサノオです！

104ページに続《つづ》く…

タケルとモミジちゃん。
お買《か》い物《もの》行《い》ってきまーす
お留守番《るすばん》よろしくね〜。
行《い》ってらっしゃ〜い。
バタム
母《かあ》さんが出《で》かけてる間《あいだ》にお手伝《てつだ》いしよ！
ダイジョーブ？
オレちゃんが役《やく》に立《た》つとこ見《み》せちゃうヨ〜ン♪
ブク
ブク
ブク
ブク
ガシャン
あちゃー
ありゃりゃ…
全然《ぜんぜん》ダメじゃん！

ほら～
畳《たたみ》も水《みず》びたしー。
テヘ～
あらあら、
片付《かたづ》けが
大変《たいへん》だわ～。
あれ？
お母《かあ》さん
まだいたの？
？
ねえ、
モミジちゃ～ん。
ぬらん
畳《たたみ》は大切《たいせつ》に
あつかわないとね～。
母《かあ》…さん？
ご、ごめん
なさ…？

畳《たたみ》の構造《こうぞう》

畳《たたみ》は，わらやイグサ，綿《めん》や麻《あさ》などの材料《ざいりょう》で作《つく》られているよ！

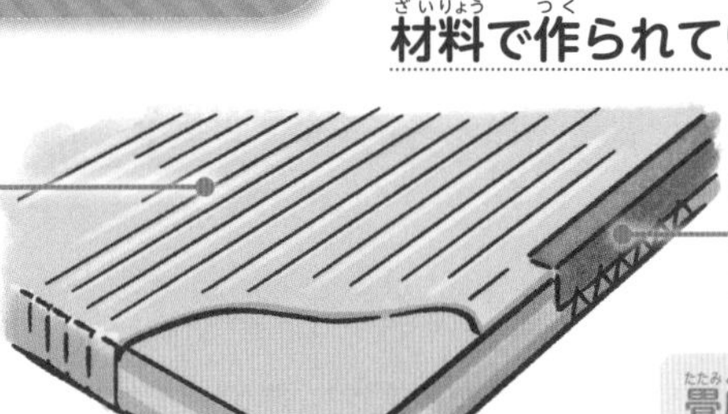

畳表《たたみおもて》
畳《たたみ》の表面《ひょうめん》。「イグサ」という植物《しょくぶつ》と，綿《めん》や麻《あさ》の糸《いと》で織《お》られたござ。

畳《たたみ》べり
畳《たたみ》のふちの部分《ぶぶん》に付《つ》けられた，麻《あさ》や綿《めん》の布《ぬの》。

畳床《たたみどこ》
畳《たたみ》の土台《どだい》になる部分《ぶぶん》。わらを何重《なんじゅう》にも重《かさ》ねて作《つく》られている。

※現代《げんだい》の畳《たたみ》は，発泡《はっぽう》スチロールや化学《かがく》せんいなどが使《つか》われているものも多《おお》い。

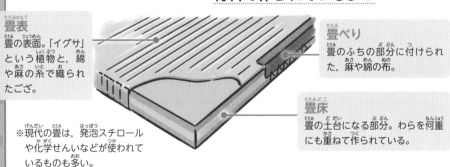

畳《たたみ》はとても機能的《きのうてき》！

日本で古《ふる》くから使《つか》われている畳《たたみ》には，いいところがたくさんある。

保温《ほおん》・断熱効果《だんねつこうか》がある

イグサやわらに含《ふく》まれる空気《くうき》が熱《ねつ》を伝《つた》えにくくしている。夏《なつ》は暑《あつ》さをやわらげ，冬《ふゆ》は冷《つめ》たい空気《くうき》をさえぎり暖《あたた》かさを保《たも》つ。

湿度《しつど》を調整《ちょうせい》できる

イグサとわらが湿気《しっけ》を吸収《きゅうしゅう》する。その水分量《すいぶんりょう》は畳《たたみ》1枚《まい》で約《やく》500cc《シーシー》！　また，乾燥《かんそう》しているときは湿気《しっけ》を放出《ほうしゅつ》してくれる。

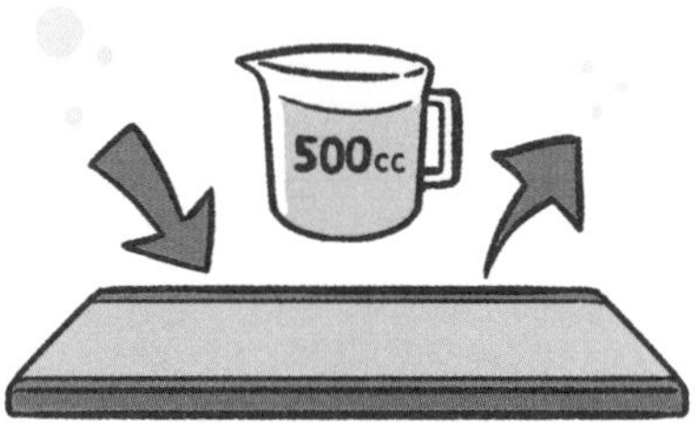
500cc

音《おと》を吸収《きゅうしゅう》する

木材《もくざい》と比《くら》べて音《おと》を吸収《きゅうしゅう》しやすいため，足音《あしおと》がひびきにくく，静《しず》かに過《す》ごせる。

弾力性《だんりょくせい》がある

上《うえ》を歩《ある》いたり，座《すわ》ったりする動作《どうさ》が快《かい》適《てき》になる。小《ちい》さい子《こ》どもが畳《たたみ》の上《うえ》での動作《どうさ》をくり返《かえ》すことにより，バランス感覚《かんかく》を養《やしな》うことができるともいわれている。

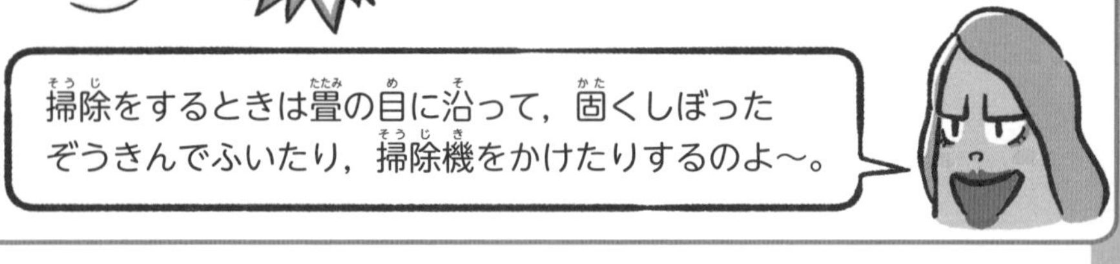
掃除《そうじ》をするときは畳《たたみ》の目《め》に沿《そ》って，固《かた》くしぼったぞうきんでふいたり，掃除機《そうじき》をかけたりするのよ〜。

気候《きこう》・風土《ふうど》に合《あ》った日本の家《いえ》 その①

日本は夏《なつ》に高温多湿《こうおんたしつ》になる地域《ちいき》が多《おお》いの。
日本の伝統的《でんとうてき》な家《いえ》には，こうした気候《きこう》や風土《ふうど》に
合《あ》わせた工夫《くふう》がたくさんつまっているわ！

木《き》，紙《かみ》，土《つち》でできている

日本は森林《しんりん》が豊《ゆた》かで，木材《もくざい》が
たくさんとれる。

土《つち》を焼《や》いて作《つく》られたかわらは，
熱《ねつ》や雨風《あめかぜ》に強《つよ》い。

木《き》は石《いし》よりも軽《かる》く，ゆれたときにしなるため，地震《じしん》が多《おお》い日本の家《いえ》には適《てき》している。

木《き》や紙《かみ》でできた建具《たてぐ》※は，湿気《しっけ》を吸《す》ったり放《ほう》出《しゅつ》したりして，自然《しぜん》に湿度《しつど》を調整《ちょうせい》してくれる。

※部屋《へや》を仕切《しき》るふすまや障子《しょうじ》のこと。

家《いえ》の床《ゆか》が高《たか》くなっている

風通《かぜとお》しが良《よ》くなる。その段差《だんさ》から
はき物《もの》をぬぐ習慣《しゅうかん》が生《う》まれた。

ふすまや障子《しょうじ》

外《はず》しやすいので，暑《あつ》いときは
部屋《へや》を開放的《かいほうてき》に使《つか》える。

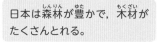

気候《きこう》・風土《ふうど》に合《あ》った日本の家《いえ》 その❷

日本は四季《しき》がはっきりしていて，夏《なつ》と冬《ふゆ》で気候《きこう》が異《こと》なる。冬《ふゆ》は着《き》こめば寒《さむ》さをしのげるが，夏《なつ》の蒸《む》し暑《あつ》さはどうにもならない。そのため，できるだけすずしく快適《かいてき》に過《す》ごせるよう，家《いえ》の造《つく》りを工夫《くふう》した。

※14世紀《せいき》に活躍《かつやく》した歌人《かじん》・吉田兼好《よしだけんこう》も、『徒然草《つれづれぐさ》』の中《なか》で日本の家《いえ》の造《つく》りについてこのように述《の》べている。

家《いえ》の造《つく》りようは夏《なつ》をむねとすべし

意味《いみ》 家《いえ》は夏《なつ》に合《あ》わせて造《つく》りなさい

今《いま》はエアコンがあるからいいね！

国土《こくど》が南北《なんぼく》に長《なが》い日本では，地域《ちいき》によっても気候《きこう》がかなり違《ちが》うため，それぞれの地域《ちいき》の特色《とくしょく》に合《あ》った家《いえ》が造《つく》られた。

雪《ゆき》が多《おお》い地域《ちいき》

例《れい》 白川郷《しらかわごう》（岐阜県《ぎふけん》）の合掌造《がっしょうづく》り

雪《ゆき》の重《おも》みで家《いえ》がつぶれないよう，屋根《やね》のかたむきが急《きゅう》になっている。

台風《たいふう》が多《おお》い地域《ちいき》

例《れい》 沖縄《おきなわ》の民家《みんか》

屋根《やね》の赤《あか》いかわらは風《かぜ》で飛《と》ばないようしっくい※でぬり固《かた》められており，家《いえ》の周《まわ》りには風《かぜ》よけの石《いし》がきがある。

※壁《かべ》などに使《つか》われる塗料《とりょう》。

てゆーか母《かあ》さんじゃないじゃん!
バッ
やるな!
フン! 見破《みやぶ》られたか!
モミジ! またワープしよう!
ちょっと待《ま》って充電中《じゅうでんちゅう》～!!
覚悟《かくご》お～!
バギ
わー
ギ
わー
パッ
シン……
あれ?
おおおぉ～!
パッ
あれ?
キー
ここ
ドコ?
ウキー
ギー
ドコなのー?
ウキャー

家《いえ》に関《かか》わることわざ・慣用句《かんようく》

壁《かべ》に耳《みみ》あり障子《しょうじ》に目《め》あり

意味《いみ》 かくし事《ごと》をしようとしても，どこでだれが見《み》聞《き》きしているかわからないので，秘密《ひみつ》はもれやすい。

例文《れいぶん》…内緒話《ないしょばなし》が広《ひろ》まってしまった。まさに**壁《かべ》に耳《みみ》あり障子《しょうじ》に目《め》あり**だ。

敷居《しきい》が高《たか》い

意味《いみ》 迷惑《めいわく》をかけたり，失礼《しつれい》なことをしてしまった相手《あいて》の家《いえ》は，気《き》まずくて訪《たず》ねにくい。

例文《れいぶん》…けんかをしてしまった友《とも》だちの家《いえ》に行《い》くのは**敷《しき》居《い》が高《たか》い**。

縁《えん》の下《した》の力持《ちからも》ち

意味《いみ》 縁側《えんがわ》を下《した》から支《ささ》える柱《はしら》のように，目立《めだ》たないところで努力《どりょく》をし，周囲《しゅうい》の人《ひと》の役《やく》に立《た》つ人《ひと》。

例文《れいぶん》…私《わたし》の兄《あに》は**縁《えん》の下《した》の力持《ちからも》ち**として野球部《やきゅうぶ》の活動《かつどう》を支《ささ》えた。

たなに上《あ》げる

意味《いみ》 都合《つごう》が悪《わる》いことは知《し》らん顔《かお》をしてふれずにおく。

例文《れいぶん》…自分《じぶん》のことを**たなに上《あ》げて**他人《たにん》を悪《わる》く言《い》うのはよくない。

和服《わふく》・日本の家《いえ》 マナー集《しゅう》！

和服《わふく》の着方《きかた》や，日本の家《いえ》の中《なか》でのふるまいには，独特《どくとく》の決《き》まりがあるよ。

和服《わふく》は左前《ひだりまえ》にしない！

和服《わふく》は，自分《じぶん》の右側《みぎがわ》を先《さき》に着《き》つける「右《みぎ》前《まえ》」が正《ただ》しい。逆《ぎゃく》の「左前《ひだりまえ》」は，亡《な》くなった人《ひと》への着《き》つけ方《かた》なので縁起《えんぎ》が悪《わる》いとされている。

和服《わふく》でトイレに行《い》くときは…

和服《わふく》のそで，すそ，長《なが》じゅばんなどを帯《おび》や帯《おび》じめにはさんで用《よう》を足《た》すと，和服《わふく》がよごれない。

敷居《しきい》をふまない！

ふむと敷居《しきい》がゆがんでしまい，戸《と》の開《あ》け閉《し》めがしづらくなる上《うえ》，取《と》りかえることも難《むずか》しいため，昔《むかし》から大切《たいせつ》にあつかったと考《かんが》えられている。

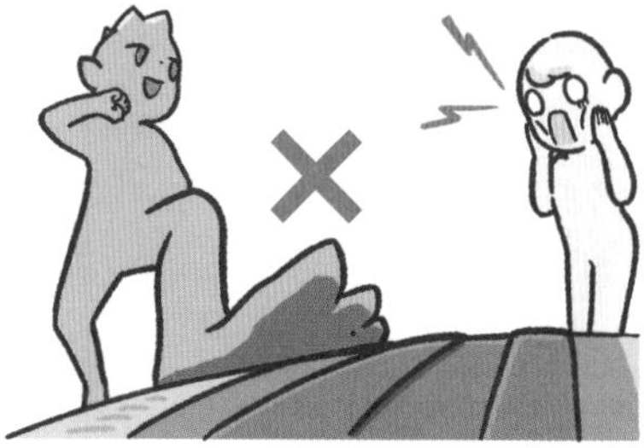

座布団《ざぶとん》をふまない！

座布団《ざぶとん》を足《あし》でふみつけるのは，招待《しょうたい》してくれた人《ひと》に対《たい》して失礼《しつれい》にあたる。ひざから座布団《ざぶとん》に上《あ》がるようにしよう。

アオーン
桃川
今日《きょう》は大変《たいへん》だったねぇ。
ハァ〜
ザパァ〜ン
ニュニュ〜ン
角《つの》が!
オォ!
どうして!?
おふろに入《はい》っただけだよ!
ザパ
だってこういうおふろって日本ならではジャ〜ン?

日本のふろの特徴《とくちょう》

日本の一般的《いっぱんてき》な住宅《じゅうたく》のふろ

トイレとは別《べつ》になっている！
※一人暮《ひとりぐ》らし用《よう》のマンションなどはそうでない場合《ばあい》もある。
浴《よく》そうがある！
浴《よく》そうと別《べつ》に洗《あら》い場《ば》がある！

こうした形《かたち》のふろは，実《じつ》は世界《せかい》ではめずらしいんだよ。

日本では浴《よく》そうにお湯《ゆ》を張《は》ってつかる入浴法《にゅうよくほう》が一般的《いっぱんてき》なんだ。

それはなぜかというと…

次《つぎ》のページへ！

海外《かいがい》では…

- シャワーだけ（浴《よく》そうがない）
- 体《からだ》を洗《あら》う場所《ばしょ》がない
- トイレと同《おな》じ空間《くうかん》

日本とふろの関《かか》わり

温泉《おんせん》が多《おお》い

日本は火山《かざん》が多《おお》いので，温泉《おんせん》が全国《ぜんこく》にたくさんある。そのため，温泉《おんせん》につかって体《からだ》を温《あたた》めたり，傷《きず》やつかれをいやしたりする習慣《しゅうかん》が古《ふる》くからあった。

仏教《ぶっきょう》の教《おし》え

仏教《ぶっきょう》では水《みず》や湯《ゆ》，蒸気《じょうき》で体《からだ》を清《きよ》めることが修行《しゅぎょう》のひとつと考《かんが》えられている。日本で仏教《ぶっきょう》が広《ひろ》まると，多《おお》くの寺《てら》で「もく浴《よく》」（体《からだ》を洗《あら》い清《きよ》めること）をする施設《しせつ》が造《つく》られ，一般《いっぱん》の人々《ひとびと》にも開放《かいほう》された。

江戸時代《えどじだい》の銭湯《せんとう》

サウナみたいな感《かん》じかな？

江戸時代《えどじだい》には一般《いっぱん》の人々《ひとびと》の間《あいだ》で銭湯《せんとう》も広《ひろ》まった。当時《とうじ》のふろは「蒸《む》しぶろ」で，男女混浴《だんじょこんよく》が多《おお》かった。

翌日《よくじつ》
すご〜い！
そんなに
伸《の》びたんだ！
もう願《ねが》い事《ごと》
かなうんじゃ
ないか？
やって
みよっか！
ワタシからね！
霊長類《れいちょうるい》…いや、
地球最強《ちきゅうさいきょう》にして！
おっけー☆
バチ
ハイ!
何《なに》を目指《めざ》してるの？
パワー全開《ぜんかい》！
ペ
カ
ボウン…
まだ早《はや》かった
みたいねぇ〜。
プス
失敗《しっぱい》しちった…
プス
おふろ入《はい》りたーい！
ケホッ

銭湯《せんとう》・温泉《おんせん》　マナー集《しゅう》！

銭湯《せんとう》や温泉《おんせん》では，周《まわ》りの人《ひと》のことを考《かんが》えて入浴《にゅうよく》しよう。

かけ湯《ゆ》をしてから入《はい》る

体《からだ》のよごれを落《お》とし,お湯《ゆ》の温度《おんど》に体《からだ》を慣《な》らしてから入《はい》ろう！

タオルを湯船《ゆぶね》につけない

お湯《ゆ》をよごさないよう，湯船《ゆぶね》の外《そと》か頭《あたま》の上《うえ》などに置《お》こう！

湯船《ゆぶね》で泳《およ》がない！

周《まわ》りの人《ひと》の迷惑《めいわく》にならないように気《き》をつけよう！

使《つか》った洗面器《せんめんき》やイスは洗《あら》って元《もと》に戻《もど》す

みんなが気持《きも》ちよく使《つか》えるようにしよう！

3章《しょう》

日本の年《ねん》中《ちゅう》行《ぎょう》事《じ》

1年《ねん》の始《はじ》まり 正月《しょうがつ》

日曜日《にちようび》——
パモーン
速《はや》～い!
オー
ジャパニーランドまですぐだね!
タケルたちは日本をテーマにした遊園地《ゆうえんち》ジャパニーランドへ向《む》かっていました。
これ知ってる?
オー
ジャパニーランド
日本っぽいものにふれれば記憶《きおく》も戻《もど》っちゃう～?
角《つの》も伸《の》びちゃう～?
ジャパニーランド

ようこそ！ジャパニーランドへ！
何《なに》？あの人《ひと》？
鏡《かがみ》もちキャラのシゲモチだよ。
じゃあさっそくこれでボクをたたいて！
食《た》べ物《もの》をたたいちゃっていいの？
そこ？
早《はや》くしないと逃《に》げちゃうぞ〜
これは鏡開《かがみびら》きのアトラクションだから大丈夫《だいじょうぶ》さ！
じゃ、えんりょなく。
やっ！
ピコ★
あっ
開《ひら》きましてオメデトー！
パカ

日本の正月《しょうがつ》　その❶

正月《しょうがつ》はもともと，年神様《としがみさま》という神様《かみさま》を家《いえ》にむかえるための行事《ぎょうじ》だったんだ。正月《しょうがつ》におもちを飾《かざ》ったり食《た》べたりするのには理由《りゆう》があるんだよ。

鏡《かがみ》もち

年神様《としがみさま》への供《そな》え物《もの》。昔《むかし》の鏡《かがみ》のように円形《えんけい》をしているのでこう呼《よ》ばれるようになった。もちに，いろいろな縁起物《えんぎもの》をそえて飾《かざ》る。

だいだい

「家《いえ》が代々続《だいだいつづ》く」とかけている

こんぶ

「喜《よろこ》ぶ＝よろこ(ん)ぶ」とかけている

干《ほ》し柿《がき》

「福《ふく》をかき集《あつ》める」とかけている

うらじろ
(シダという植物《しょくぶつ》の仲間《なかま》)

「裏《うら》が白《しろ》い＝心《こころ》がきれい」という意味《いみ》

年神様《としがみさま》が帰《かえ》ったあとの1月《がつ》11日《にち》※に，固《かた》くなった鏡《かがみ》もちを下《さ》げて家族《かぞく》で食《た》べる。「切《き》る」のは縁起《えんぎ》が悪《わる》いから，木《き》づちでたたいて割《わ》るんだ。これを「鏡開《かがみびら》き」と言《い》うんだよ。

※地域《ちいき》によって違《ちが》いがあります。

雑煮《ぞうに》

大《おお》みそかに年神様《としがみさま》にお供《そな》えしたもちなどの食《た》べ物《もの》を，翌朝《よくあさ》（元旦《がんたん》）に全部《ぜんぶ》まとめて煮《に》て食《た》べたのが始《はじ》まり。

お年玉《としだま》

実《じつ》はお年玉《としだま》はもともと「もち」だった！神《かみ》の力《ちから》が宿《やど》る丸《まる》もちを配《くば》る習慣《しゅうかん》が，しだいにお金《かね》に変《か》わっていった。

日本の正月《しょうがつ》　その❷

人々《ひとびと》は１年《ねん》の始《はじ》まりに，年神様《としがみさま》にいろいろな願《ねが》い事《ごと》をしたんだよ。

作物《さくもつ》が豊《ゆた》かに実《みの》ること

家族《かぞく》が健康《けんこう》に過《す》ごせること

正月《しょうがつ》の飾《かざ》り付《つ》けは，年神様《としがみさま》を家《いえ》にむかえるためのものなんだ。

しめ飾《かざ》り

神様《かみさま》がいる神聖《しんせい》な場所《ばしょ》であることを示《しめ》すために飾《かざ》る。災《わざわ》いが家《いえ》の中《なか》に入《はい》ってこないようにする「厄《やく》よけ」の意味《いみ》もある。

門松《かどまつ》

神様《かみさま》が訪《おとず》れるときの目印《めじるし》として飾《かざ》る。冬《ふゆ》でも枯《か》れずに緑色《みどりいろ》をしている松《まつ》や竹《たけ》，寒《さむ》い季節《きせつ》にきれいに咲《さ》く梅《うめ》の花《はな》（松竹梅《しょうちくばい》）などを使《つか》って作《つく》られる。

ハイ！ミニシゲモチあげる～♪
いってらっしゃい！
アリガトー
そのもちはドコから…？
もちーーん
神様《かみさま》のお供《そな》えものダヨ！
ピシ
……。
モミジ？
グォオオオォン
モミジが…
素晴《すば》らしい開《ひら》き!!
脱皮《だっぴ》した!?
角《つの》だけじゃなくて体《からだ》も進化《しんか》するんだ！
弟子《でし》にしてください！
……。

各地《かくち》の雑煮《ぞうに》

正月《しょうがつ》に食《た》べる雑煮《ぞうに》は，もちの形《かたち》や味《あじ》つけが地域《ちいき》によって違《ちが》う。きみの住《す》んでいるところでは，どんな雑煮《ぞうに》を食《た》べるかな？

もちの形《かたち》

角《かく》もち　丸《まる》もち

東《ひがし》日本は角《かく》もち，西《にし》日本は丸《まる》もちを食《た》べるところが多《おお》いよ。

もちの調理法《ちょうりほう》

焼《や》く　ゆでる

東《ひがし》日本は焼《や》いたもちを，西《にし》日本はゆでたもちを雑煮《ぞうに》に入《い》れるところが多《おお》いよ。

つゆの味《あじ》つけ

みそ　しょうゆ

近畿地方《きんきちほう》とその周辺《しゅうへん》はみそ味《あじ》，そのほかはしょうゆ味《あじ》のところが多《おお》いよ。

全国《ぜんこく》のめずらしい雑煮《ぞうに》

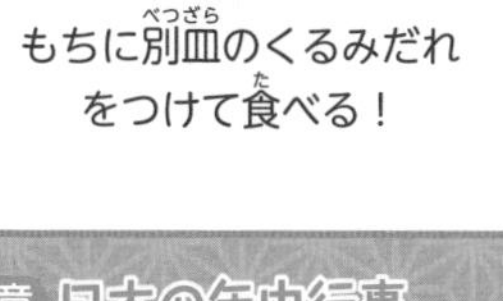

岩手県《いわてけん》

もちに別皿《べつざら》のくるみだれをつけて食《た》べる！

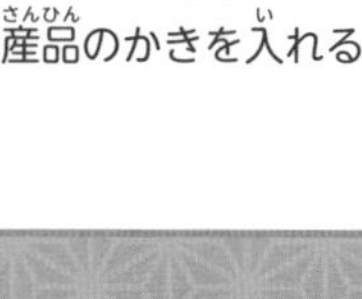

広島県《ひろしまけん》

特産品《とくさんひん》のかきを入《い》れる！

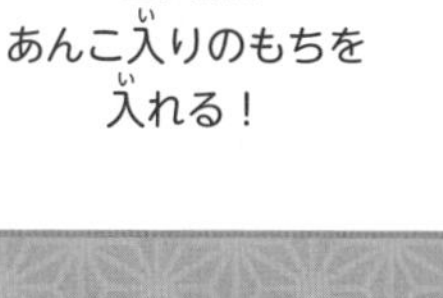

香川県《かがわけん》

あんこ入《い》りのもちを入《い》れる！

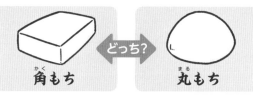

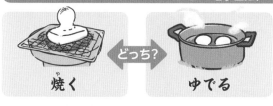

おせち料理《りょうり》の意味《いみ》

おせちのそれぞれの料理《りょうり》には，昔《むかし》の人々《ひとびと》の願《ねが》いがこめられているよ。

※おせちの重箱《じゅうばこ》の段数《だんすう》は，２段《だん》から５段程度《だんていど》までさまざまなものがあります。ここでは２段《だん》の重箱《じゅうばこ》で説明《せつめい》しています。

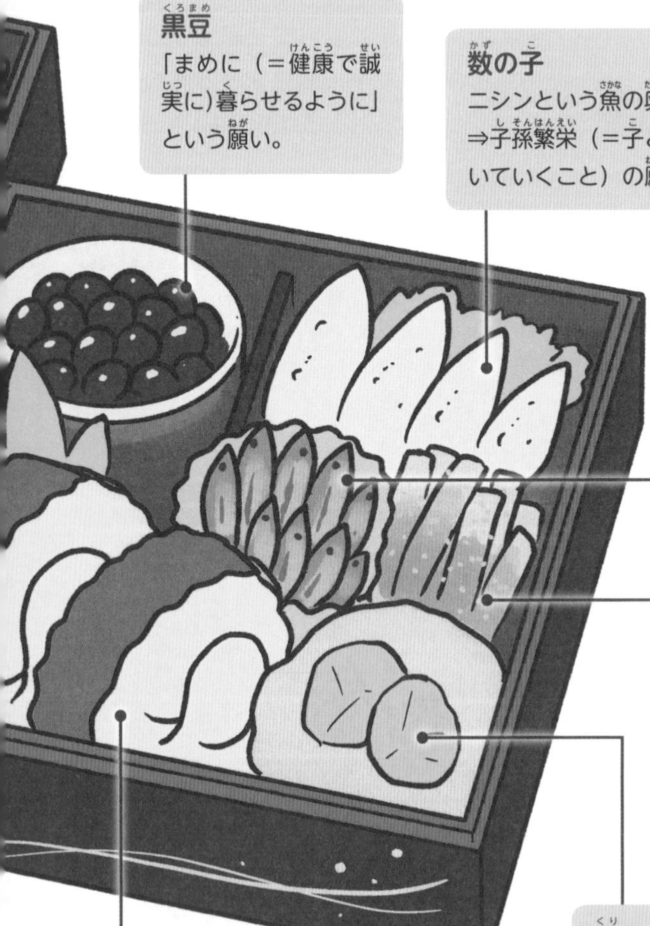

黒豆《くろまめ》

「まめに（＝健康《けんこう》で誠実《せいじつ》に）暮《く》らせるように」という願《ねが》い。

数《かず》の子《こ》

ニシンという魚《さかな》の卵《たまご》のかたまり。
⇒子孫繁栄《しそんはんえい》（＝子《こ》どもが代々《だいだい》生《う》まれ家《いえ》が続《つづ》いていくこと）の願《ねが》い。

田作《たづく》り（ごまめ）

食材《しょくざい》のかたくちいわしを肥料《ひりょう》にした畑《はたけ》では作物《さくもつ》がよくとれる。
⇒豊作《ほうさく》の願《ねが》い。

たたきごぼう

ごぼうは地中深《ちちゅうふか》く根《ね》をはる。
⇒家《いえ》がその地《ち》に根《ね》づくようにという願《ねが》い。

栗《くり》きんとん

「きんとん」は「金団《きんとん》」と書《か》く。
⇒財産《ざいさん》が貯《た》まるようにという願《ねが》い。

伊達巻《だてま》き

形《かたち》が巻《ま》き物《もの》に似《に》ている。
⇒知識《ちしき》が増《ふ》えるようにという願《ねが》い。

※おせち料理《りょうり》の意味《いみ》については諸説《しょせつ》あります。

えび
ゆでるとお年寄《としよ》りのように腰《こし》が丸《まる》くなる。
⇒長生《ながい》きするようにという願《ねが》い。

昆布巻《こぶま》き
昆布《こんぶ》は「よろこぶ」。
⇒福《ふく》を呼《よ》ぶことや子《こ》どもを授《さず》かることを願《ねが》う。

れんこん
穴《あな》から先《さき》がよく見《み》える。
⇒将来《しょうらい》の見通《みとお》しがきくようにという願《ねが》い。

かまぼこ
紅白《こうはく》はめでたい色《いろ》。
形《かたち》が日《ひ》の出《で》に似《に》ていて，新《あたら》しい門出《かどで》にふさわしい。

ぶりの照《て》り焼《や》き
ぶりは出世魚《しゅっせうお》（成長《せいちょう》すると名《な》前《まえ》が変《か》わる魚《さかな》）。
⇒仕事《しごと》で成功《せいこう》するようにという願《ねが》い。

煮《に》はまぐり
貝《かい》は２枚《まい》がピッタリ合《あ》う。
⇒夫婦円満《ふうふえんまん》の願《ねが》い。

子《こ》どもの成長《せいちょう》を祝《いわ》う行事《ぎょうじ》

ひな祭《まつ》り
パレードが
始《はじ》まるよーー！
おひな様《さま》が船《ふね》に
乗《の》ってるの⁉
あれは
昔《むかし》の風習《ふうしゅう》で…
て、聞《き》いちゃいねー
おー！
ムッちゃん
くわしいね。
別《べつ》にー
コレに全部《ぜんぶ》
書《か》いてある
だけだよ！
ガイドブック
桃《もも》の花《はな》は魔《ま》よけ
なんだってさ。
へー
ヒャホー
イエーイ
うわ⁉
モミジ！
登《のぼ》っちゃダメだよ！

3月《がつ》3日《か》　ひな祭《まつ》り

女《おんな》の子《こ》の健《すこ》やかな成長《せいちょう》を祝《いわ》う行事《ぎょうじ》。桃《もも》の花《はな》が咲《さ》く時季《じき》なので「桃《もも》の節句《せっく》」とも呼《よ》ばれるよ。

ひな祭《まつ》りの始《はじ》まり

紙《かみ》や木《き》の人形《ひとがた》を川《かわ》に流《なが》す風習《ふうしゅう》

自分《じぶん》の身代《みが》わりに人形《ひとがた》を川《かわ》に流《なが》し，病気《びょうき》や災《わざわ》いを持《も》っていってくれるよう祈《いの》った。中国《ちゅうごく》から伝《つた》わった風習《ふうしゅう》。

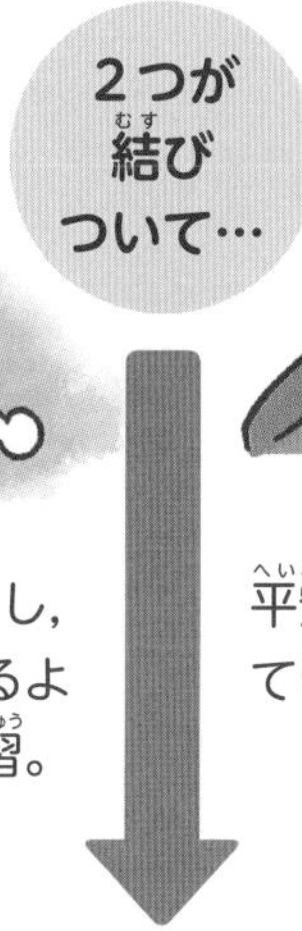
2つが結《むす》びついて…

貴族《きぞく》の女性《じょせい》の人形遊《にんぎょうあそ》び

平安時代《へいあんじだい》に貴族《きぞく》の女性《じょせい》の間《あいだ》で流行《りゅうこう》していた人形遊《にんぎょうあそ》び（ひいな遊《あそ》び）。

江戸時代《えどじだい》になると，だんだん立派《りっぱ》な人形《にんぎょう》が作《つく》られるようになったため，人形《にんぎょう》を川《かわ》に流《なが》さず家《いえ》に飾《かざ》り，女《おんな》の子《こ》の成長《せいちょう》を祝《いわ》う行事《ぎょうじ》となっていった。

現代《げんだい》ではせまいスペースでも飾《かざ》れるコンパクトなひな人形《にんぎょう》も人気《にんき》がある。

飾《かざ》るのも片付《かたづ》けるのも簡単《かんたん》なのよね。

アレは何《なに》？
ドレ？
お〜い!!
・ムシャ丸《まる》くん
ゴザル！
マスコットのムシャ丸《まる》くんだな。
ワシ…いや、せっしゃはホ・ン・モ・ノのムシャ丸《まる》でゴザル〜。一緒《いっしょ》に写真《しゃしん》を撮《と》るでゴザル〜。
ずい
んー？
ガイドブック
わっ!!
モミジめかなり大《おお》きくなっておる。急《いそ》がねば大変《たいへん》なことに…。
とるぞー
ムシャ丸《まる》ちゃんの顔《かお》、な〜んか見《み》たことある気《き》が…？
ビクッ
ムムゥ〜？
それは五月人形《ごがつにんぎょう》のことかナ〜？

5月《がつ》5日《か》　端午《たんご》の節句《せっく》

男《おとこ》の子《こ》の健《すこ》やかな成長《せいちょう》を祝《いわ》う行事《ぎょうじ》。現在《げんざい》では「こどもの日《ひ》」として国民《こくみん》の祝日《しゅくじつ》となっているね。

端午《たんご》の節句《せっく》のはじまり

昔《むかし》の中国《ちゅうごく》で…

5月《がつ》にしょうぶやよもぎなどの薬草《やくそう》で身《み》を清《きよ》める習慣《しゅうかん》があった。

日本に伝《つた》わると…

しょうぶと「尚武《しょうぶ》（武士《ぶし》の道《みち》を大切《たいせつ》にする)」，「勝負《しょうぶ》」をかけて，男《おとこ》の子《こ》が強《つよ》く元気《げんき》に育《そだ》つことを願《ねが》う行事《ぎょうじ》になった。

この葉《は》っぱ何《なに》かと思《おも》ってたー
だから5月《がつ》5日《か》はしょうぶ湯《ゆ》に入《はい》るんだね！

端午《たんご》の節句《せっく》に飾《かざ》るもの

五月人形《ごがつにんぎょう》

男《おとこ》の子《こ》が強《つよ》くたくましく育《そだ》つことを願《ねが》い，勇《いさ》ましさの象徴《しょうちょう》であるよろいかぶとを飾《かざ》る。

こいのぼり

「滝《たき》を登《のぼ》ったこいが龍《りゅう》になる」とする中国《ちゅうごく》の伝説《でんせつ》から，力強《ちからづよ》く育《そだ》ち出世《しゅっせ》するようにという願《ねが》いがこめられている。

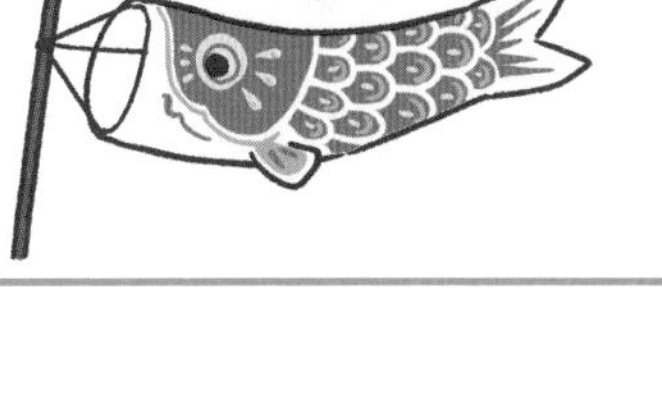

あせったわい…。
あっ！ムシャ丸《まる》くんだ!!
バレてないバレてない
写真《しゃしん》撮《と》って〜！
え？
どわっ
ちょっと待《ま》て！ワシ…じゃなくてせっしゃは違《ちが》うのじゃ！
ああっ
ドーー
違《ちが》わないけど違《ちが》う…でゴザル〜!!
スゲー
ムシャ丸《まる》くん人気《にんき》だね〜。
カポ
ふえ〜一人《ひとり》では手強《てごわ》いのぉ…。
えらい目《め》にあったわい…。
やはりお主《ぬし》らの力《ちから》を借《か》りるとするか…。
キー
ウキャッ

11月《がつ》15日《にち》 七五三《しちごさん》

子《こ》どもの健《すこ》やかな成長《せいちょう》を神様《かみさま》に感謝《かんしゃ》し，今後《こんご》の幸《しあわ》せを願《ねが》う行事《ぎょうじ》だよ。

七五三《しちごさん》の始《はじ》まり

もともとは，3歳《さい》，5歳《さい》，7歳《さい》で子《こ》どもの成長《せいちょう》を祝《いわ》う行事《ぎょうじ》が別々《べつべつ》にあった。

3歳《さい》で…

男女《だんじょ》とも，それまでそっていた髪《かみ》の毛《け》を伸《の》ばしはじめる「髪置《かみお》き」。

5歳《さい》で…

男《おとこ》の子《こ》が初《はじ》めてはかまを着《き》る「はかま着《ぎ》」。

7歳《さい》で…

女《おんな》の子《こ》が大人用《おとなよう》の帯《おび》をしめる「帯解《おびと》き」。

※地域《ちいき》によってさまざまな行事《ぎょうじ》が行《おこな》われていた。

まとめてお祝《いわ》い

やがてこれらをまとめてお祝《いわ》いするようになり，明治時代以降《めいじじだいいこう》に現在《げんざい》のような七五三《しちごさん》になった。

ちとせあめ

紅白《こうはく》の細長《ほそなが》いあめ。子《こ》どもが長生《ながい》きするようにという願《ねが》いがこめられている。袋《ふくろ》には鶴《つる》や亀《かめ》，松竹梅《しょうちくばい》など縁起《えんぎ》のいい絵《え》が描《か》かれている。

なぜ11月《がつ》15日《にち》なの？

「江戸時代《えどじだい》の将軍《しょうぐん》の子《こ》どもの成長《せいちょう》をお祝《いわ》いした日《ひ》」，「11月《がつ》に神様《かみさま》を祭《まつ》る行事《ぎょうじ》を行《おこな》う地域《ちいき》が多《おお》いため」，「（昔《むかし》のカレンダーで）15日《にち》は満月《まんげつ》でおめでたいから」など，いろいろな説《せつ》がある。

年中行事《ねんちゅうぎょうじ》カレンダー　その❶　節分《せつぶん》

節分《せつぶん》ってどんな日《ひ》？

節分《せつぶん》とはもともと「季節《きせつ》の分《わ》かれ目《め》の日《ひ》」という意味《いみ》。春夏秋冬《しゅんかしゅうとう》の分《わ》かれ目《め》なので，年《ねん》に４回《かい》あったんだ。中《なか》でも新年《しんねん》の始《はじ》まりとされた春《はる》の節分《せつぶん》（２月《がつ》３日《か》ごろ）は特《とく》に大切《たいせつ》な日《ひ》とされたので，やがて節分《せつぶん》といえばこの日《ひ》を指《さ》すようになったんだよ。

節分《せつぶん》はどんなことをする？

豆《まめ》まき

豆《まめ》まきは中国《ちゅうごく》から伝《つた》わった風習《ふうしゅう》で，災《わざわ》いを防《ふせ》ぐ魔《ま》よけの意味《いみ》がある。また，新《あたら》しい季節《きせつ》の始《はじ》まりに，年齢《ねんれい》＋１の数《かず》の豆《まめ》を食《た》べ，健康《けんこう》を願《ねが》う。

魔《ま》よけを飾《かざ》る

するどいトゲのあるひいらぎの葉《は》や，においが強《つよ》いイワシも，鬼《おに》を遠《とお》ざける魔《ま》よけの効果《こうか》があると考《かんが》えられていた。

七夕《たなばた》

七夕《たなばた》ってどんな日《ひ》？

神様《かみさま》が着《き》る服《ふく》を作《つく》る女性《じょせい》についての言《い》い伝《つた》えや収穫祭《しゅうかくさい》，中国《ちゅうごく》から伝《つた》わった手芸《しゅげい》の上達《じょうたつ》を祈《いの》る風習《ふうしゅう》，「おり姫《ひめ》とひこ星《ぼし》」の物語《ものがたり》などが結《むす》びついてできた行事《ぎょうじ》だよ。７月《がつ》７日《か》は雨《あめ》が多《おお》い時期《じき》なので，地域《ちいき》によっては８月《がつ》７日《か》（昔《むかし》のカレンダーの７月《がつ》７日《か》にあたる）に行《おこな》うところもあるんだ。

七夕《たなばた》はどんなことをする？

短冊《たんざく》に願《ねが》い事《ごと》を書《か》く

短冊《たんざく》に願《ねが》いを書《か》いて笹《ささ》にかざる風《ふう》習《しゅう》は江戸時代《えどじだい》のころから広《ひろ》まった。寺子屋《てらこや》（読《よ》み書《か》きなどを教《おし》える施設《しせつ》）で勉強《べんきょう》する子《こ》どもなどが，字《じ》や習《なら》い事《ごと》が上達《じょうたつ》するよう願《ねが》いをこめて書《か》いたのが始《はじ》まり。

おり姫《ひめ》とひこ星《ぼし》を探《さが》してみよう！

七夕《たなばた》のころ，晴《は》れていれば夜空《よぞら》では天《あま》の川《がわ》をはさんで，おり姫《ひめ》の星《ほし》とひこ星《ぼし》の星《ほし》が見《み》られる。おり姫《ひめ》の星《ほし》はこと座《ざ》のベガ，ひこ星《ぼし》の星《ほし》はわし座《ざ》のアルタイルと呼《よ》ばれる。

和柄《わがら》を楽《たの》しもう！

「和柄《わがら》」とは，和服《わふく》やお皿《さら》，手《て》ぬぐいなど，いろいろな品物《しなもの》にデザインされている日本の伝統的《でんとうてき》な模様《もよう》のこと。縁起《えんぎ》が良《よ》いとされる物《もの》をモチーフにしているよ。見《み》たことがある模様《もよう》はあるかな？

麻《あさ》の葉《は》

麻《あさ》の葉《は》の形《かたち》に似《に》た模様《もよう》。

意味《いみ》・願《ねが》い 麻《あさ》のようにすくすくと成長《せいちょう》する

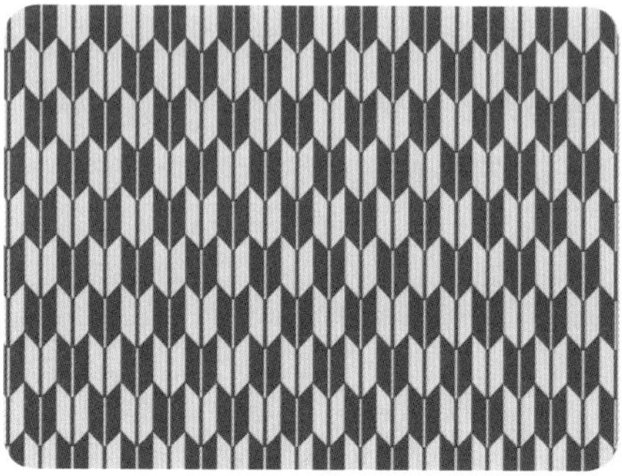

矢《や》がすり

矢《や》の羽根《はね》の形《かたち》を表現《ひょうげん》した模様《もよう》。

意味《いみ》・願《ねが》い 矢《や》のようにまっすぐに突《つ》き進《すす》む

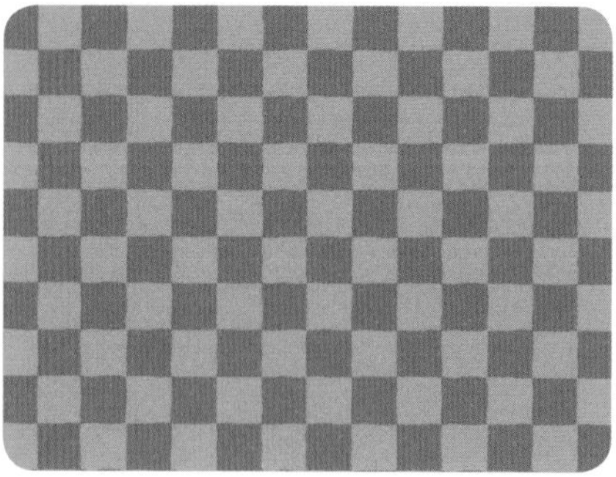

市松《いちまつ》

石畳《いしだたみ》とも呼《よ》ばれる模様《もよう》。

意味《いみ》・願《ねが》い どこまでも続《つづ》く

七宝《しっぽう》

仏教《ぶっきょう》の教《おし》えに登場《とうじょう》する７つの宝物《たからもの》を表《あらわ》す模様《もよう》。

意味《いみ》・願《ねが》い 円満《えんまん》・繁栄《はんえい》

青海波《せいがいは》

海《うみ》に広《ひろ》がる波《なみ》をかたどった模様《もよう》。

意味《いみ》・願《ねが》い 無限《むげん》に続《つづ》く未来《みらい》

籠目《かごめ》

竹《たけ》で編《あ》んだかごのような模様《もよう》。

意味《いみ》・願《ねが》い 魔《ま》よけの効果《こうか》

亀甲《きっこう》

亀《かめ》のこうらに似《に》た模様《もよう》。

意味《いみ》・願《ねが》い 亀《かめ》は長生《ながい》きの象徴《しょうちょう》

うろこ

魚《さかな》のうろこに似《に》た模様《もよう》。

意味《いみ》・願《ねが》い 魔《ま》よけの効果《こうか》

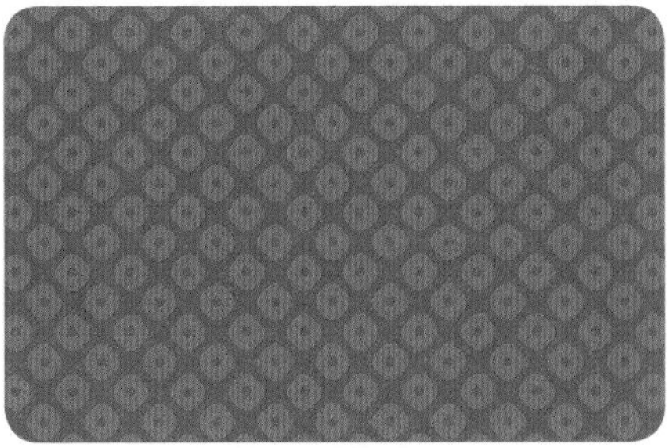

鹿《か》の子《こ》

シカの背中《せなか》にある斑点《はんてん》に似《に》た模様《もよう》。

意味《いみ》・願《ねが》い シカは神様《かみさま》の使《つか》い

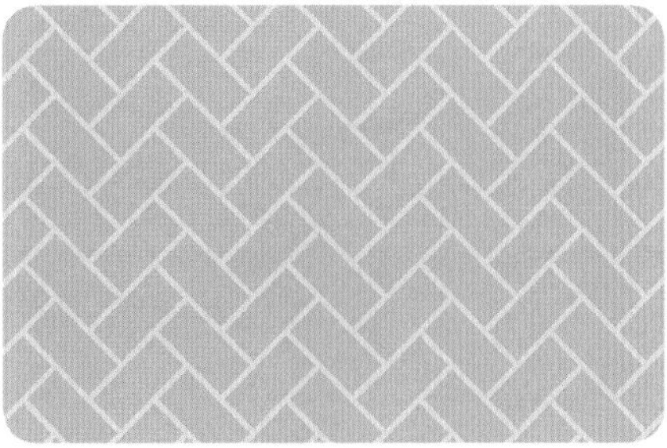

ひがき

ヒノキの板《いた》を斜《なな》めに組《く》んで作《つく》った垣根《かきね》に似《に》た模様《もよう》。

意味《いみ》・願《ねが》い ヒノキは丈夫《じょうぶ》で長持《ながも》ち

サラ
サラ
一寸《いっすん》スライダー
おわんのボートで川下《かわくだ》り。 四季《しき》の絶景《ぜっけい》とスリルが楽《たの》しめる！
タケル～
何怖《なにこわ》がってんの？
ブル
ブル
ホントは乗りたくなかった
だってコレ、
滝《たき》から落《お》ちるヤツ
でしょ？
いい景色《けしき》だから
見《み》てみろよ！
ガタ
もったいないぞ！
ガタ
ホエ～
お花見《はなみ》って
いいよネェ～。

春《はる》の花見《はなみ》

桜《さくら》に豊作《ほうさく》を願《ねが》ったり，桜《さくら》に関《かん》する和歌《わか》をよんで楽《たの》しんだりしていたのが，現在《げんざい》の花見《はなみ》のルーツになったといわれているよ。

平安貴族《へいあんきぞく》の花見《はなみ》

奈良時代《ならじだい》のころまでは，花《はな》といえば梅《うめ》だった。平安時代《へいあんじだい》になると次第《しだい》に桜《さくら》が人気《にんき》になり，貴族《きぞく》たちは桜《さくら》の美《うつく》しさを歌《うた》（和歌《わか》）によんで楽《たの》しんだ。

豊作《ほうさく》を願《ねが》う花見《はなみ》

昔《むかし》の日本人《じん》は，桜《さくら》に「田《た》の神《かみ》」が宿《やど》ると考《かんが》えていた。田植《たう》えが始《はじ》まる春《はる》に野山《のやま》で宴会《えんかい》をして神様《かみさま》をもてなし，豊作《ほうさく》を祈《いの》った。

お弁当《べんとう》やお酒《さけ》を持《も》って出《で》かける現在《げんざい》のような花見《はなみ》は，江戸時代《えどじだい》に広《ひろ》まったといわれているんだ。

桜《さくら》にはいろいろな種類《しゅるい》がある！

寒桜《かんざくら》

しだれ桜《ざくら》

八重桜《やえざくら》

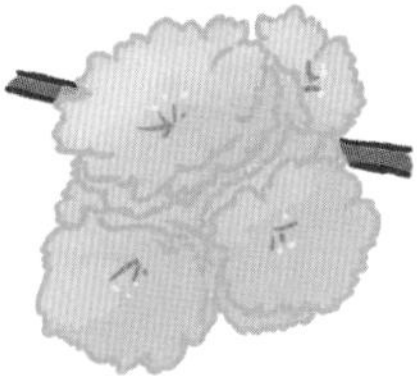

ソメイヨシノ

桜《さくら》は品種改良《ひんしゅかいりょう》しやすいため，現在《げんざい》では600種類《しゅるい》ぐらいあるとされている。代表的《だいひょうてき》な「ソメイヨシノ」は江戸時代末期《えどじだいまっき》に品種改良《ひんしゅかいりょう》で作《つく》られたもの。

今度《こんど》よく見《み》てみようっと。

秋《あき》の月見《つきみ》

秋《あき》のきれいな満月《まんげつ》をながめる風習《ふうしゅう》は，奈良時代《ならじだい》から平安時代《へいあんじだい》ごろに中国《ちゅうごく》から日本へ伝《つた》わったんだ。

平安貴族《へいあんきぞく》の月見《つきみ》

農民《のうみん》たちの月見《つきみ》

十五夜《じゅうごや》※に，月《つき》をながめながら音楽《おんがく》を演奏《えんそう》したり，和歌《わか》をよんだりした。

農村《のうそん》では秋《あき》の収穫《しゅうかく》を祝《いわ》い感謝《かんしゃ》する行事《ぎょうじ》として定着《ていちゃく》していった。

※十五夜《じゅうごや》…旧暦《きゅうれき》（昔《むかし》のカレンダー）で8月《がつ》15日《にち》の夜《よる》のこと。現在《げんざい》の9月中《がつなか》ごろにあたる。また，十五《じゅうご》夜《や》に出《で》る満月《まんげつ》のことを「中秋《ちゅうしゅう》の名月《めいげつ》」と呼《よ》ぶ。

十五夜《じゅうごや》にお供《そな》えするもの

団子《だんご》

十五夜《じゅうごや》にちなんで15個《こ》（または1年《ねん》の月《つき》の数《かず》にちなんで12個《こ》）供《そな》える。

すすき

秋《あき》の七草《ななくさ》のひとつ。ほかに，ききょう，なでしこ，はぎなどの野草《やそう》を飾《かざ》ることもある。

野菜《やさい》や果物《くだもの》

くり，さつまいも，柿《かき》など，秋《あき》に実《みの》った作物《さくもつ》を供《そな》える。

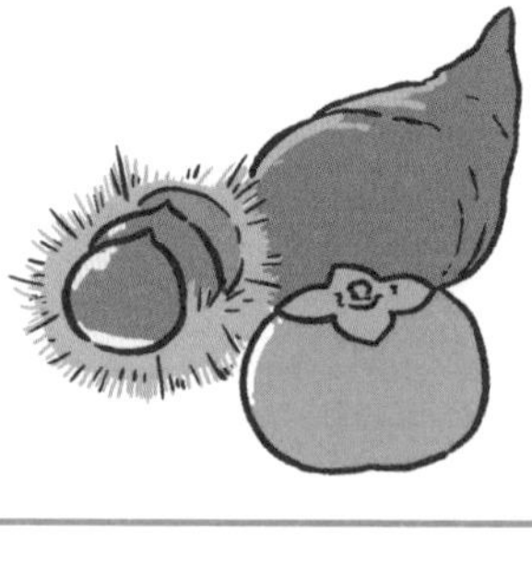

ウキー!
わ!!?
ウキャ
ゲエッ
ドバン
ウキャキャ キャ キャ
ちょっと! 何《なに》してるの!?
ギチ
ギチ
ああ!!
フハハハハハ…
ウキャ
思《おも》い知《し》ったか!? サル山《やま》で出会《であ》った友《とも》 カナメサル軍団《ぐんだん》のおそろしさ!!
カナメちゃん!?
どんぶらこっこ
しめ縄《なわ》で角《つの》をしばってしまえば力《ちから》も使《つか》えまいて!
ウソー!!
!!
おとなしく言《い》うことを聞《き》くのじゃ!
キィィ…
そんな…、せっかく友《とも》だちになれたのにまた封印《ふういん》なんて。
みんな…
そうはさせるか!!
モミジを守《まも》るんだ!
オレの願《ねが》いをかなえるために…。

そ…、そんなこと言《い》ったって仕方《しかた》ないんじゃ!
バン
バン
ウキャー
うる
ワシ友情系《ゆうじょうけい》弱《よわ》いんじゃ〜
ソヤツはなぁ…。
あぁ!
落《お》ちる!
ドドドドド
安全《あんぜん》バーしてなかったのか。
あ"
あ
あ
あ
あ
たらい舟《ぶね》だもんな…
コレって…
ボクたちも落《お》ちるヤツ!!
わー
ダパーン
ウキャー
ワキャー
ブク
ブク
あ、ほどけた…。
タケル
もう1回《かい》乗《の》ろう!

年中行事《ねんちゅうぎょうじ》カレンダー その③ 冬至《とうじ》

冬至《とうじ》ってどんな日《ひ》？

日本では，１日《にち》のうちで太陽《たいよう》が出《で》ている時間《じかん》は夏《なつ》に向《む》けてだんだん長《なが》くなり，冬《ふゆ》に向《む》けてだんだん短《みじか》くなるよね。１日《にち》のうちの夜《よる》の時間《じかん》が最《もっと》も長《なが》くなる日《ひ》を冬至《とうじ》，昼《ひる》の時間《じかん》が最《もっと》も長《なが》くなる日《ひ》を夏至《げし》というんだ。昔《むかし》の日本人《じん》は，長《なが》い夜《よる》には災《わざわ》いが起《お》こると考《かんが》えたため，食《た》べ物《もの》などで健康《けんこう》を願《ねが》ったんだよ。

冬至《とうじ》はどんなことをする？

「ん」の付《つ》くものを食《た》べる

ゆず湯《ゆ》につかる

冬至《とうじ》にはかぼちゃを食《た》べる風習《ふうしゅう》がある。これは，①野菜《やさい》の少《すく》ない冬《ふゆ》に栄養《えいよう》をつけるため，②「ん」の付《つ》くものを食《た》べると幸運《こううん》になるという言《い》い伝《つた》えから（かぼちゃは「なんきん」とも呼《よ》ばれる），③黄色《きいろ》は魔《ま》よけの色《いろ》だから，などの理由《りゆう》がある。また,「冬至《とうじ》」と「湯治《とうじ》」をかけて，湯《ゆ》につかって体《からだ》を温《あたた》める風習《ふうしゅう》もある。ゆずも黄色《きいろ》で，魔《ま》よけの意味《いみ》があるとされる。

二十四節気《にじゅうしせっき》

農業《のうぎょう》は，暑《あつ》さ・寒《さむ》さなど気候《きこう》の影響《えいきょう》を受《う》ける。そこで昔《むかし》の日本人《じん》は，田植《たう》えなどの農作業《のうさぎょう》を行《おこな》うとき，太陽《たいよう》の動《うご》きをもとにした「二十四節気《にじゅうしせっき》」という季節《きせつ》の区分《くぶん》を目安《めやす》にした。

立春
雨水《うすい》
啓蟄《けいちつ》
2月《がつ》
春分《しゅんぶん》
3月《がつ》
清明《せいめい》
春《はる》
4月《がつ》
穀雨《こくう》
夏《なつ》
立夏《りっか》
5月《がつ》
小満《しょうまん》
6月《がつ》
芒種《ぼうしゅ》
7月《がつ》
夏至《げし》
小暑《しょうしょ》
大暑

二十四節気《にじゅうしせっき》とは？

- 太陽《たいよう》の動《うご》きをもとに1年《ねん》を24等分《とうぶん》して季節《きせつ》の名前《なまえ》をつけたもの。
- もとは中国《ちゅうごく》で作《つく》られたものなので，季節《きせつ》の名前《なまえ》は日本の季節感《きせつかん》とは少《すこ》しズレがある。

天気予報《てんきよほう》で聞《き》いたことある!

2月《がつ》が春《はる》？
まだ寒《さむ》いじゃん！
カレンダーに
小《ちい》さい文字《もじ》で
書《か》いてあるよね。
小寒《しょうかん》
冬至《とうじ》
1月《がつ》
大雪《たいせつ》
12月《がつ》
小雪《しょうせつ》
冬《ふゆ》
11月《がつ》
立冬《りっとう》
霜降《そうこう》
10月《がつ》
秋《あき》
寒露《かんろ》
9月《がつ》
秋分《しゅうぶん》
8月《がつ》
白露《はくろ》
処暑《しょしょ》

ジャパニーランド名物《めいぶつ》の花火《はなび》が始《はじ》まりました。
たまやー
かぎやー
花火《はなび》って食《た》ベラレル？
ヌゥ…
何言《なにい》って…
モミジなの!? いつの間《ま》にそんな大《おお》きく!?
ジィ〜…
えっ!?
オデちゃん…ハラペコ…。
オデ…ペコ…
あれがモミジ!? 育《そだ》ちすぎだろ！
オー！
ゴハン♪ ゴハン♪
ドス
ドス

花火大会《はなびたいかい》

夏《なつ》には日本の全国各地《ぜんこくかくち》で花火大会《はなびたいかい》が行《おこな》われるね。日本ではどのようにして花火《はなび》が広《ひろ》まっていったのかな？

武器《ぶき》から花火《はなび》へ

鉄砲《てっぽう》などの武器《ぶき》を作《つく》るのに使用《しよう》されていた火薬《かやく》が，平和《へいわ》な江戸時代《えどじだい》に花火《はなび》の材料《ざいりょう》として使《つか》われるようになった。

亡《な》くなった人《ひと》を供養《くよう》するための花火《はなび》

江戸時代《えどじだい》，ききん※などで亡《な》くなった人々《ひとびと》を供養《くよう》するために，隅田川《すみだがわ》で花火《はなび》が打《う》ち上《あ》げられた。これが，川《かわ》での安全《あんぜん》を祈《いの》る行事《ぎょうじ》「川開《かわびら》き」になり，花火大会《はなびたいかい》の原点《げんてん》ともなった。この川開《かわびら》きから，日本の花火《はなび》は夏《なつ》の行事《ぎょうじ》として定着《ていちゃく》した。海外《かいがい》では，年越《としこ》しなど冬《ふゆ》に開催《かいさい》されるイベントの演出《えんしゅつ》として花火《はなび》が打《う》ち上《あ》げられることが多《おお》い。

※農作物《のうさくもつ》が十分《じゅうぶん》に実《みの》らず，食物《しょくもつ》が不足《ふそく》して人々《ひとびと》が飢《う》えに苦《くる》しむこと。

昔《むかし》の花火《はなび》は１色《しょく》だけだった

江戸時代《えどじだい》の花火《はなび》はオレンジ色《いろ》だけだった。その後《ご》，明治時代《めいじじだい》に海外《かいがい》から輸入《ゆにゅう》されたさまざまな薬品《やくひん》が使《つか》われ，色鮮《いろあざ》やかな花火《はなび》が作《つく》られるようになった。

ガブッン
オデちゃん野菜《やさい》モ大好《だいす》キ…。
イデデデデデデ
なにゴトゥ!?
ごめんなさ…
わっ！きゅうりのオバケ！
オバケじゃねーし！
オレ様《さま》は馬《うま》のメッツ！
そしてボクは牛《うし》のゴッツ！
真夏《まなつ》を制《せい》するジャパニーランドのゴールデンコンビさ！
ヴスン
パカーン
二人《ふたり》は野菜《やさい》なの？動物《どうぶつ》なの？
キャワイイ!!
そう?
聞《き》いちゃう？
真夏《まなつ》制《せい》してんのよ?
ハハァ～ン
う、うん…。

お盆《ぼん》には何《なに》をするの？

お盆《ぼん》とは，家《いえ》に帰《かえ》ってくる先祖《せんぞ》の霊《れい》をむかえる仏教《ぶっきょう》の行事《ぎょうじ》。7月《がつ》または8月《がつ》の 13 日《にち》～ 16 日《にち》に行《おこな》うのが一般的《いっぱんてき》だよ。

むかえ火《ひ》と送《おく》り火《び》

お盆《ぼん》の最初《さいしょ》の日《ひ》，先祖《せんぞ》の霊《れい》が迷《まよ》わず帰《かえ》ってこられるよう，家《いえ》の前《まえ》でわらなどをたいてむかえ火《び》をする。最後《さいご》の日《ひ》には，先祖《せんぞ》の霊《れい》が無事《ぶじ》に帰《かえ》れるよう，同様《どうよう》に送《おく》り火《び》をする。

お墓《はか》まいり

お墓《はか》をきれいにして先祖《せんぞ》の霊《れい》に感謝《かんしゃ》する。

盆踊《ぼんおど》り

もともとは，お盆《ぼん》に帰《かえ》ってきた先祖《せんぞ》の霊《れい》をにぎやかな踊《おど》りでなぐさめる風習《ふうしゅう》だった。

盆《ぼん》だな

仏《ぶつ》だんの前《まえ》や縁側《えんがわ》に「盆《ぼん》だな」と呼《よ》ばれる祭《さい》だんを作《つく》り，果物《くだもの》や花《はな》，きゅうりとなすの飾《かざ》りものなどを供《そな》える。

ご先祖様《せんぞさま》をむかえるときは足《あし》の速《はや》い馬《うま》（きゅうり）に乗《の》って早《はや》く来《こ》られるように，送《おく》りだすときは牛《うし》（なす）に乗《の》ってゆっくり帰《かえ》れるように，という願《ねが》いがこめられているんだよ。

※お盆《ぼん》の期間《きかん》や風習《ふうしゅう》は地域《ちいき》によって異《こと》なります。

モミジってば
どうしちゃったの?
ドス
オデ…
大丈夫《だいじょうぶ》?
うーん
オデちゃん…
ドス
さっきまでと
形《かたち》も違《ちが》うし…。
見《み》て見《み》て!
ゴッツ君《くん》グッズ!
かわいくな〜い?
ジィ〜…
ジュルリ…
なっ…何《なに》?
ポワーン
ハッ!
いただきマ〜
ワタシはゴッツ君《くん》
じゃないから!
ゴッツ君《くん》も
食《た》べちゃダメだし!
ドス
ドス
帽子《ぼうし》
ぬげばいいのに
ピコ

日本のお祭《まつ》り

日本各地《かくち》の有名《ゆうめい》な夏《なつ》のお祭《まつ》りを紹介《しょうかい》するよ！

ねぶた祭《まつ》り（青森県《あおもりけん》）

七夕《たなばた》の行事《ぎょうじ》などが起源《きげん》といわれている。針金《はりがね》や紙《かみ》で作《つく》った土台《どだい》に絵《え》を描《か》いた巨大《きょだい》な人形《にんぎょう》（ねぶた）に灯《あか》りをともし，かけ声《ごえ》とともに練《ね》り歩《ある》く。

祇園祭《ぎおんまつり》（京都府《きょうとふ》）

京都《きょうと》・八坂神社《やさかじんじゃ》で7月《がつ》に行《おこな》われるお祭《まつ》り。ごうかな山車《だし》（お祭《まつ》りで使《つか》われる巨大《きょだい》な台車《だいしゃ》）が街《まち》の中心部《ちゅうしんぶ》をめぐる「山鉾巡行《やまぼこじゅんこう》」が有名《ゆうめい》。

阿波《あわ》おどり（徳島県《とくしまけん》）

先祖《せんぞ》を供養《くよう》するおどりなどが起源《きげん》とされる伝統芸能《でんとうげいのう》。三味線《しゃみせん》やたいこ，笛《ふえ》などの演奏《えんそう》に合《あ》わせ，「連《れん》」と呼《よ》ばれるグループでおどり歩《ある》く。

博多祇園山笠《はかたぎおんやまかさ》（福岡県《ふくおかけん》）

博多《はかた》の守《まも》り神《がみ》とされる神社《じんじゃ》に奉納《ほうのう》するためのお祭《まつ》り。人形《にんぎょう》などを飾《かざ》りつけた「山笠《やまかさ》」と呼《よ》ばれるみこしをかついだ男性《だんせい》たちが，勢《いきお》いよくかけ回《まわ》る。

日本神話《しんわ》　その③　アマテラス編《へん》

弟《おとうと》のスサノオは
とても乱暴者《らんぼうもの》でした。
姉《あね》・アマテラスの
国《くに》にやってきて大暴《おおあば》れ！
怒《いか》り、悲《かな》しんだ
アマテラスはある日《ひ》
大《おお》きなほら穴《あな》の中《なか》に
閉《と》じこもってしまいました。
太陽《たいよう》の神《かみ》がかくれたので
世界《せかい》は真《ま》っ暗《くら》に！
困《こま》った神々《かみがみ》は
ほら穴《あな》の前《まえ》でお祭《まつ》りを行《おこな》い
アマテラスを
さそい出《だ》そうと
しました。

「何《なん》のさわぎかしら？」
外《そと》をのぞいたアマテラスの
前《まえ》に鏡《かがみ》が差《さ》し出《だ》されます。
「あれはだれ？」
よく見《み》ようと
身《み》を乗《の》り出《だ》した瞬間《しゅんかん》…
岩《いわ》の戸《と》は放《ほう》り投《な》げられました。
ほら穴《あな》には
しめ縄《なわ》が渡《わた》され
もう中《なか》に入《はい》る
ことはできません。
こうして
アマテラスは
再《ふたた》び姿《すがた》を現《あらわ》しました。
大暴《おおあば》れしたスサノオは
アマテラスの国《くに》を追放《ついほう》されて
しまったのでした…。

121ページに続《つづ》く…

年中行事《ねんちゅうぎょうじ》カレンダー その④ 大《おお》みそか

大《おお》みそかってどんな日《ひ》？

「みそか」とは，昔《むかし》のカレンダーで月末《げつまつ》のこと。１年《ねん》のいちばん最後《さいご》の日《ひ》なので，12月《がつ》31日《にち》を「大《おお》みそか」と呼《よ》んだ。家《いえ》に年神様《としがみさま》をむかえる正月《しょうがつ》（➡p.74）に向《む》けて，日本人《じん》は昔《むかし》から12月《がつ》になるとさまざまな準備《じゅんび》をしてきたんだ。大掃除《おおそうじ》やもちつき，おせち作《づく》りの仕《し》上《あ》げなどをし，新年《しんねん》を心《こころ》待《ま》ちにするんだね。

大《おお》みそかはどんなことをする？

年越《としこ》しそばを食《た》べる

細《ほそ》く長《なが》いそばを食《た》べて長生《ながい》きを願《ねが》う。また，かつてお湯《ゆ》で練《ね》ったそば粉《こ》を使《つか》って散《ち》らばった金銀細工《きんぎんざいく》の金粉《きんぷん》を集《あつ》めたことから，そばはお金《かね》がたまる縁起物《えんぎもの》とも考《かんが》えられていた。

除夜《じょや》の鐘《かね》を聞《き》く

大《おお》みそかの夜《よる》は，お寺《てら》で除夜《じょや》の鐘《かね》が108回《かい》鳴《な》らされる。これは，人間《にんげん》が持《も》つとされる108の煩悩《ぼんのう》※を取《と》り除《のぞ》き，清《きよ》らかな気《き》持《も》ちで新年《しんねん》をむかえるためといわれている。

※仏教用語《ぶっきょうようご》で，人間《にんげん》の心《こころ》を苦《くる》しませるとされる悩《なや》み。

4章《しょう》

もっと知《し》りたい！日本のこと

ズン
桃《もも》川《かわ》
ズン
おほーーっ!!!
モミジィ! デッカくなったなぁ!
ドス
ドス
うるさい!
いいかげんにしなさい!!
なんか様子《ようす》も変《へん》なんだ…。
わび
わび
さび
大《おお》きくなっただけじゃないんだ…
心配《しんぱい》ね〜
そうなの〜?
わび〜♪
さび〜♪
わび
さび
変《へん》な鳴《な》き声《ごえ》だし!
さっきから
モミジちゃんもお茶《ちゃ》が飲《の》みたいのかしら?
「わび・さび」ってお茶《ちゃ》のことなの?
?
?

日本の文化《ぶんか》　茶道《さどう》　その①

平安時代《へいあんじだい》に中国《ちゅうごく》からお茶《ちゃ》が伝《つた》わり，日本国内《こくない》で独自《どくじ》の作法《さほう》や文化《ぶんか》が作《つく》られていったんだ。

茶道《さどう》は一期一会《いちごいちえ》！

お茶《ちゃ》を出《だ》す「亭主《ていしゅ》」と，お茶《ちゃ》を飲《の》む「客《きゃく》」は，茶会《ちゃかい》を**一生《いっしょう》に一度《いちど》の大切《たいせつ》な機会《きかい》と考《かんが》え，おたがいに真心《まごころ》をこめて臨《のぞ》む**。この茶道《さどう》の精神《せいしん》を表《あらわ》す「一期一会《いちごいちえ》」という言葉《ことば》は，茶道以外《さどういがい》の一般的《いっぱんてき》な場面《ばめん》でも広《ひろ》く使《つか》われるようになった。

わび・さびとは？

茶道《さどう》の世界《せかい》が持《も》つ独特《どくとく》の美意識《びいしき》を表《あらわ》す言葉《ことば》。「静《しず》かでさびしげだけれど，その中《なか》にある素朴《そぼく》でシンプルな美《うつく》しさを味《あじ》わう心《こころ》」という意味《いみ》。

お茶《ちゃ》の道《みち》を究《きわ》める日本独自《どくじ》の「茶道《さどう》」は，安土桃山時《あづちももやまじ》代《だい》のころから広《ひろ》まり，茶人《ちゃじん》・千利休《せんのりきゅう》によって形《かたち》が完成《かんせい》されたといわれている。

日本の文化《ぶんか》　茶道《さどう》　その❷

茶室《ちゃしつ》はとてもせまい！

出《で》入《い》り口《ぐち》（にじり口《ぐち》）が低《ひく》く小《ちい》さい！
どんな人《ひと》でも頭《あたま》を下《さ》げる姿勢《しせい》にするため。

広《ひろ》さはわずか2畳《じょう》！
どんな人《ひと》とでもひざをつき合《あ》わせる距離《きょり》にするため。

「茶室《ちゃしつ》の中《なか》では身分《みぶん》の違《ちが》いもなくだれもが平等《びょうどう》」という千利休《せんのりきゅう》の考《かんが》えが表《あらわ》れているのね～。

「道《どう》」って何《なん》だ？

「道《どう》」とは，人《ひと》として守《まも》るべき行《おこな》いや生《い》き方《かた》のこと。一筋《ひとすじ》にその道《みち》を究《きわ》めること。書道《しょどう》や華道《かどう》といった茶道以外《さどういがい》の文化《ぶんか》や，柔道《じゅうどう》，剣道《けんどう》，弓道《きゅうどう》などのスポーツにも「道《どう》」がつくものが多《おお》い。

わっ！まだ大《おお》きくなるの？
オォー
グググーン
そういえばお茶《ちゃ》って日本ぽいか…
でも…、これ以上《いじょう》大《おお》きくなったら…。
バキャン
おぶ
とーさぁーーん!!!
おウチ…、チョットせまイ…。
ガハハー！2階《かい》が丸見《まるみ》えだぞぉ！
天井高《てんじょうたか》くしてもらわないとダメかしらぁ？
お父《とう》さんは平気《へいき》そうね…

和菓子《わがし》の世界《せかい》

茶道《さどう》では，「お茶《ちゃ》うけ」と呼《よ》ばれる和菓子《わがし》と一緒《いっしょ》にお茶《ちゃ》を味《あじ》わうよ。和菓子《わがし》にはどんなものがあるかな？

和菓子《わがし》の特徴《とくちょう》

- 米《こめ》や麦《むぎ》，豆類《まめるい》（小豆《あずき》や大豆《だいず》），くず粉《こ》※や砂糖《さとう》が主《おも》な原料《げんりょう》（ケーキなどの洋菓子《ようがし》と比《くら》べ，油《あぶら》や乳製品《にゅうせいひん》を使《つか》うことが少《すく》ない）。
- お茶《ちゃ》に合《あ》うように作《つく》られているものが多《おお》い。
- 季節感《きせつかん》を楽《たの》しめるものが多《おお》い。

※くずという植物《しょくぶつ》の根《ね》から採《と》れるでんぷんで作《つく》られる食用粉《しょくようこ》。

日本を象徴《しょうちょう》するもの

「象徴《しょうちょう》」とは，抽象的《ちゅうしょうてき》な（形《かたち》のない）ものを具体的《ぐたいてき》なもので表現《ひょうげん》すること。「日本」を象徴《しょうちょう》する花《はな》や鳥《とり》は何《なに》かな？

国花《こっか》 桜《さくら》，菊《きく》

桜《さくら》は100円硬貨《えんこうか》に，菊《きく》はパスポートの表紙《ひょうし》にデザインされている。

国鳥《こくちょう》 キジ

「桃太郎《ももたろう》」にも登場《とうじょう》する，日本固有《こゆう》の美《うつく》しい鳥《とり》。

国石《こくせき》 ひすい

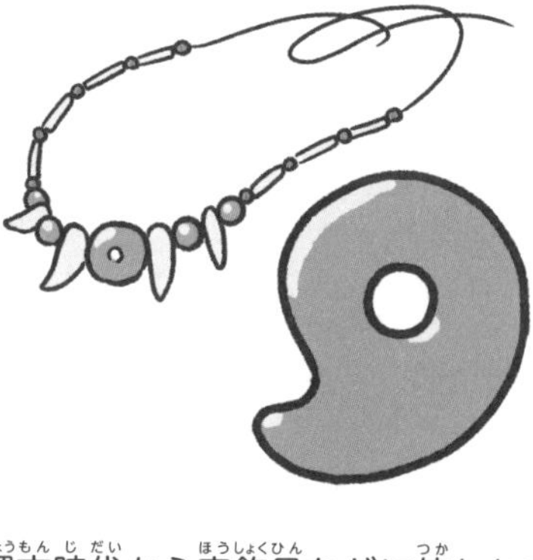

縄文時代《じょうもんじだい》から宝飾品《ほうしょくひん》などに使《つか》われてきた。

国技《こくぎ》 すもう，柔道《じゅうどう》・剣道《けんどう》・弓道《きゅうどう》

すもうと3つの武道《ぶどう》が，国《くに》を代表《だいひょう》するスポーツとされている。

※ここに掲載《けいさい》したもの以外《いがい》にも諸説《しょせつ》あります。

どこまで大《おお》きくなるのかな？
ズム―――ン
さっきも家《いえ》から出《で》るのがやっとで…。
このままだと家《いえ》ごと食《た》べられちゃうかもよ？
そんな!?
ヌ―――ゥ…
なーんて
まさかぁ～
それはさすがにないだろ…。
あり得《え》ん話《はなし》ではないのぉー!
ギャー!!
ザッパア
ピチ
ピチ

マタデタ…
ここまで大《おお》きくなっておったか…。
ムゥ…
モミジは渡《わた》さないぞ!
サッ
このまま放《ほう》っておいたら危険《きけん》なんじゃ!
そんなこと言《い》ったって…。
姿《すがた》は変《か》わってもモミジは友《とも》だちだヨ!
どうしても連《つ》れていくならワタシをたおしてからにしてよネ!
ドスコーイ
大丈夫《だいじょうぶ》なの?
そんなことしている場合《ばあい》ではないんじゃ!
もー

日本の国技《こくぎ》　すもう　その❶

国技《こくぎ》っていうのは，その国《くに》を代表《だいひょう》する技《わざ》や芸《げい》のことネ！

すもうは昔《むかし》から，作物《さくもつ》のできを占《うらな》う神事《しんじ》（神《かみ》に関《かん》する儀式《ぎしき》）として行《おこな》われていたとされているんだ。力士《りきし》の土俵《どひょう》での動作《どうさ》にはそれぞれ意味《いみ》があり，作法《さほう》も細《こま》かく決《き》められているよ。

四股《しこ》をふむ

両足《りょうあし》を開《ひら》き，右足《みぎあし》→左足《ひだりあし》の順《じゅん》に片方《かたほう》ずつ高《たか》く上《あ》げ，勢《いきお》いよく地《ち》をふむ。その土地《とち》の邪気《じゃき》をはらう意味《いみ》があったとする説《せつ》が有力《ゆうりょく》。

力水《ちからみず》をつける

直前《ちょくぜん》の取組《とりくみ》で勝《か》った力士《りきし》が「力水《ちからみず》」を渡《わた》し，受《う》け取《と》った力士《りきし》が口《くち》をすすぐ。身《み》を清《きよ》める意味《いみ》がある。

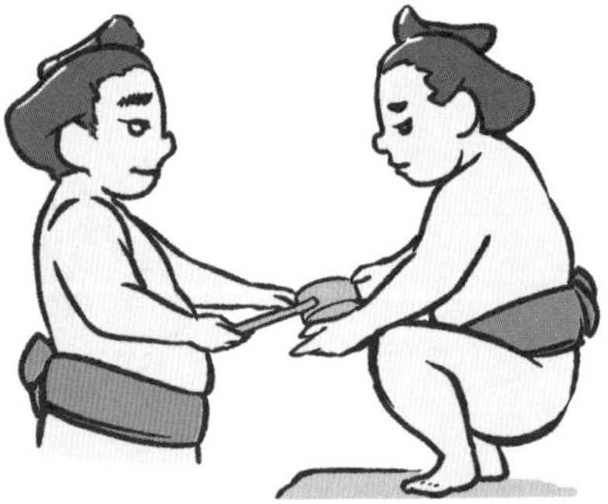

塵手水《ちりちょうず》

正《ただ》しい
姿勢《しせい》を取《と》る

もみ手《で》をして
かしわ手《で》を打《う》つ

両手《りょうて》を広《ひろ》げ，
手《て》のひらを返《かえ》す

取組前《とりくみまえ》に，手《て》に何《なに》も持《も》っていないことを確認《かくにん》し合《あ》ったのが起源《きげん》とされている。

日本の国技《こくぎ》　すもう　その❷

力士《りきし》が塩《しお》をまいている姿《すがた》や，ちょんまげを結《ゆ》っている姿《すがた》はテレビでもよく見《み》かけるよね。どんな意味《いみ》があるんだろう？

塩《しお》をまくのはなぜ？

塩《しお》で神聖《しんせい》な土俵《どひょう》を清《きよ》めるとともに，力士《りきし》がけがをしないよう安全《あんぜん》を願《ねが》うという意《い》味《み》がある。

力士《りきし》の髪形《かみがた》

力士《りきし》は，すもうの興行《こうぎょう》が始《はじ》まったとされる江戸時代《えどじだい》の風習《ふうしゅう》のまま，「まげ」を結《ゆ》っている。その形《かたち》は，番付《ばんづけ》（力士《りきし》の階級《かいきゅう》）によって決《き》められている。

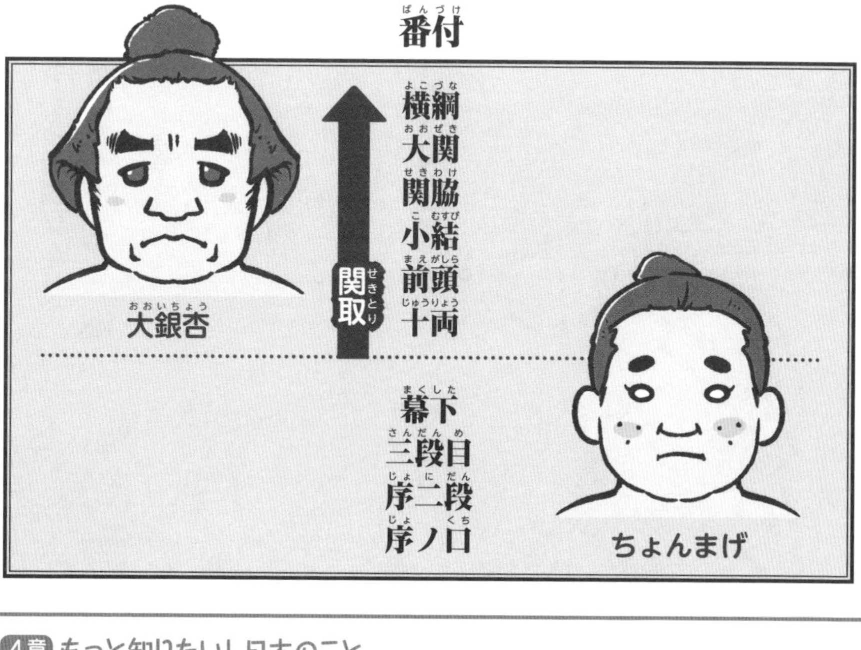

番付《ばんづけ》
横綱《よこづな》
大関《おおぜき》
関脇《せきわけ》
小結《こむすび》
前頭《まえがしら》
十両《じゅうりょう》
関取《せきとり》
幕下《まくした》
三段目《さんだんめ》
序二段《じょにだん》
序ノ口《じょのくち》
大銀杏《おおいちょう》
ちょんまげ

しょうがないのぉ…
はっけよーい…
のこった!!
サブリナ
がんばって!
デシ!
ベッ!!
ノコッタ?
モミジ!?
モミジ…、
昔《むかし》から面倒《めんどう》ばかり
かけおって…。
コレー!
ヒャホーーイ
失敗《しっぱい》しちったー
プス
ワタシの取組《とりくみ》なのにー!
入《はい》ってきちゃダメだよー!

日本生《う》まれのスポーツ

すもう以外《いがい》にも，日本で生《う》まれたスポーツはたくさんあるよ！

柔道《じゅうどう》

日本古来《こらい》の「柔術《じゅうじゅつ》」をもとに、柔道家《じゅうどうか》の嘉納治五郎《かのうじごろう》※がルールを整《ととの》えた。

※ 1860 ～ 1938 年《ねん》。「講道館《こうどうかん》」を創設《そうせつ》し，柔道《じゅうどう》の研究《けんきゅう》と指導《しどう》にあたった。日本のスポーツの発展《はってん》やオリンピック招致《しょうち》にも貢献《こうけん》。

弓道《きゅうどう》・剣道《けんどう》

狩猟《しゅりょう》や戦闘《せんとう》の道具《どうぐ》から武芸《ぶげい》へと発展《はってん》し、現在《げんざい》の武道《ぶどう》につながった。

駅伝《えきでん》

長距離《ちょうきょり》を複数《ふくすう》の走者《そうしゃ》がリレー形式《けいしき》で走《はし》る日本独自《どくじ》の競技《きょうぎ》。

日本神話《しんわ》　その❹　スサノオ編《へん》

アマテラスの国《くに》を
追放《ついほう》されたスサノオが
とぼとぼと歩《ある》いて
いると…
泣《な》いている娘《むすめ》と
老《お》いた両親《りょうしん》に
出会《であ》いました。
「なぜ泣《な》いているのだ？」と
スサノオはたずねます。
「ヤマタノオロチという
怪物《かいぶつ》に娘《むすめ》を食《た》べられて
しまうのです。
どうか助《たす》けてください。」
「よし！
オレが退治《たいじ》してやろう！」
スサノオは約束《やくそく》しました。

ヤマタノオロチに
強《つよ》いお酒《さけ》を飲《の》ませ
よっぱらわせる作戦《さくせん》が…
大成功《だいせいこう》！
見事《みごと》、スサノオは
ヤマタノオロチを
退治《たいじ》したのでした！
スサノオは助《たす》けた娘《むすめ》と結婚《けっこん》し
たくさんの子《こ》どもも生《う》まれ
幸《しあわ》せに暮《く》らしました。
そして時《とき》は流《なが》れ…

131ページに続《つづ》く…

日本の遊《あそ》び 囲碁《いご》と将棋《しょうぎ》

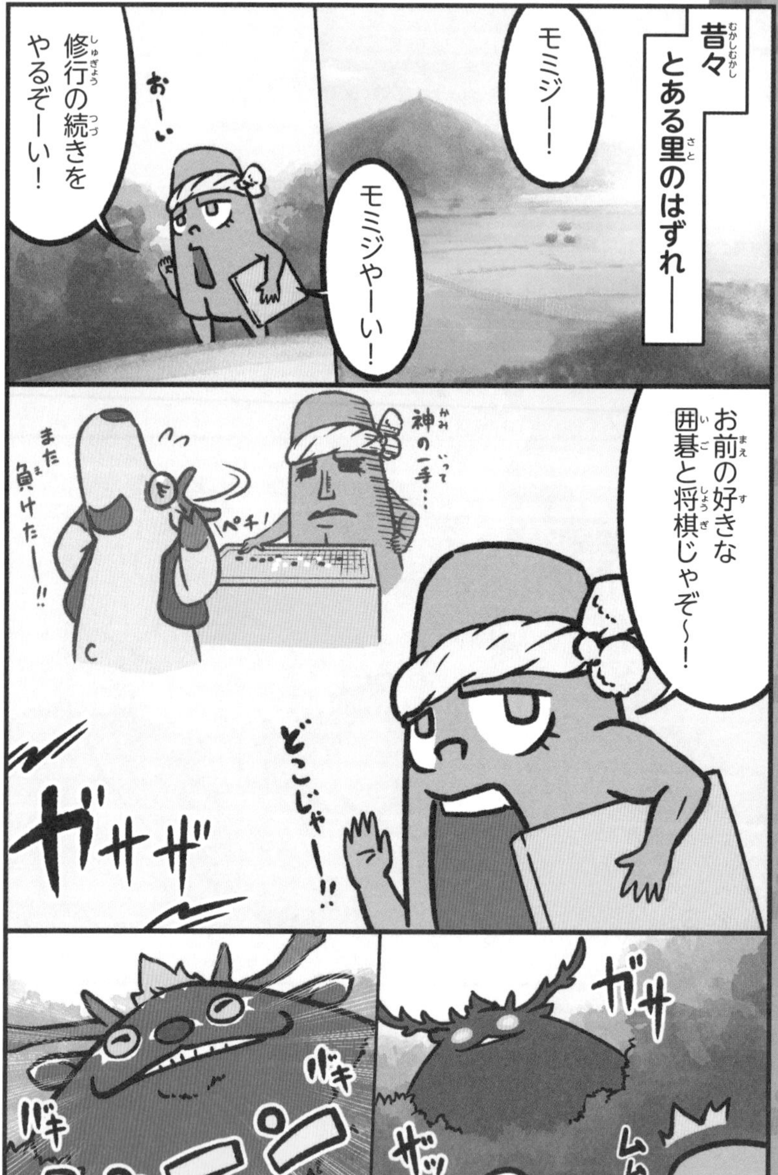
昔々《むかしむかし》 とある里《さと》のはずれ——
モミジー!
モミジやーい!
おーい
修行《しゅぎょう》の続《つづ》きをやるぞーい!
お前《まえ》の好《す》きな囲碁《いご》と将棋《しょうぎ》じゃぞ〜!
神《かみ》の一手《いって》…
ペチ!
また負《ま》けたー!!
どこじゃー!!
ガサザ
ガサ
ムム!!
ザッ
そこにおったか!?
モミジ!出《で》てこん…
バキ
バキ
パーン
あんなに大《おお》きくなっておる!?

囲碁《いご》と将棋《しょうぎ》の基本《きほん》ルール

囲碁《いご》と将棋《しょうぎ》は，どちらも2人《ふたり》で対戦《たいせん》するよ。

※わかりやすくするため，イラストは盤《ばん》の一部《いちぶ》を抜《ぬ》き出《だ》して説明《せつめい》しています。

囲《い》 碁《ご》 は陣取《じんと》りゲーム！

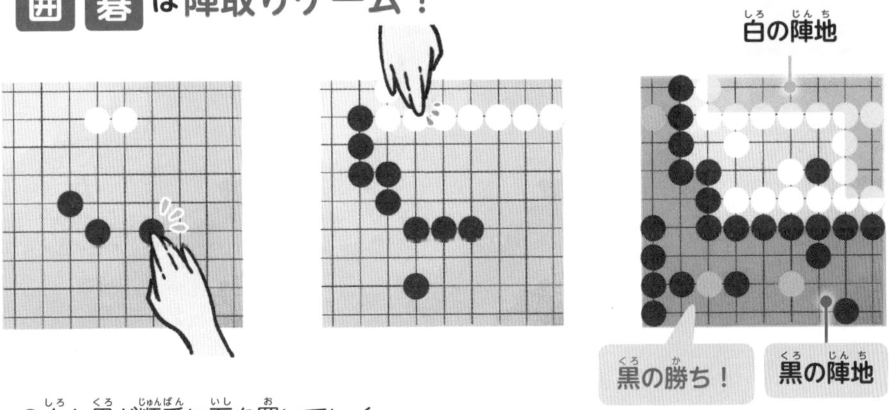

- 白《しろ》と黒《くろ》が順番《じゅんばん》に石《いし》を置《お》いていく。

  ポイント 自分《じぶん》の色《いろ》の石《いし》で囲《かこ》んだ部分《ぶぶん》が自分《じぶん》の陣地《じんち》になる。
- 自分《じぶん》の石《いし》で囲《かこ》むと相手《あいて》の石《いし》を取《と》れる。(取《と》ると勝敗《しょうはい》で有利《ゆうり》になる)
- 最後《さいご》に大《おお》きな陣地《じんち》を取《と》ったほうが勝《か》ち。

将《しょう》 棋《ぎ》 は「王《おう》」を取《と》り合《あ》うゲーム！

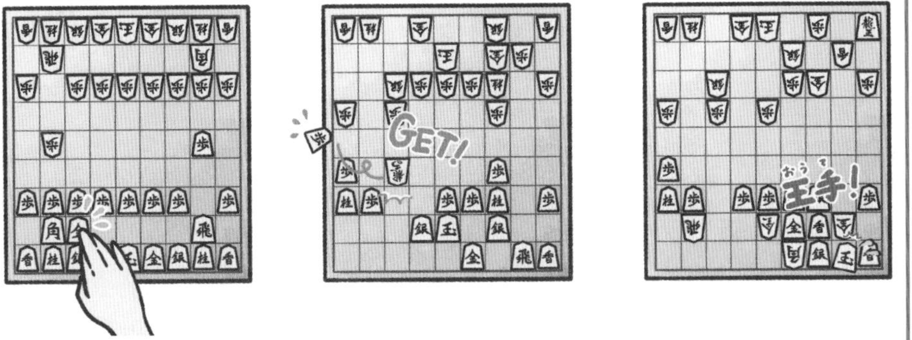

- 自分《じぶん》の陣地《じんち》のコマを1つずつ動《うご》かし，相手《あいて》の陣地《じんち》に攻《せ》めこんでいく。

  ポイント コマの種類《しゅるい》ごとに動《うご》ける方向《ほうこう》が決《き》まっている。
- 相手《あいて》のコマを取《と》って自分《じぶん》のコマとして使《つか》うことができる。
- 相手《あいて》の「王将《おうしょう》」（または「玉将《ぎょくしょう》」）のコマを取《と》ったほうが勝《か》ち。

※石《いし》やコマの並《なら》び方《かた》はイメージです。

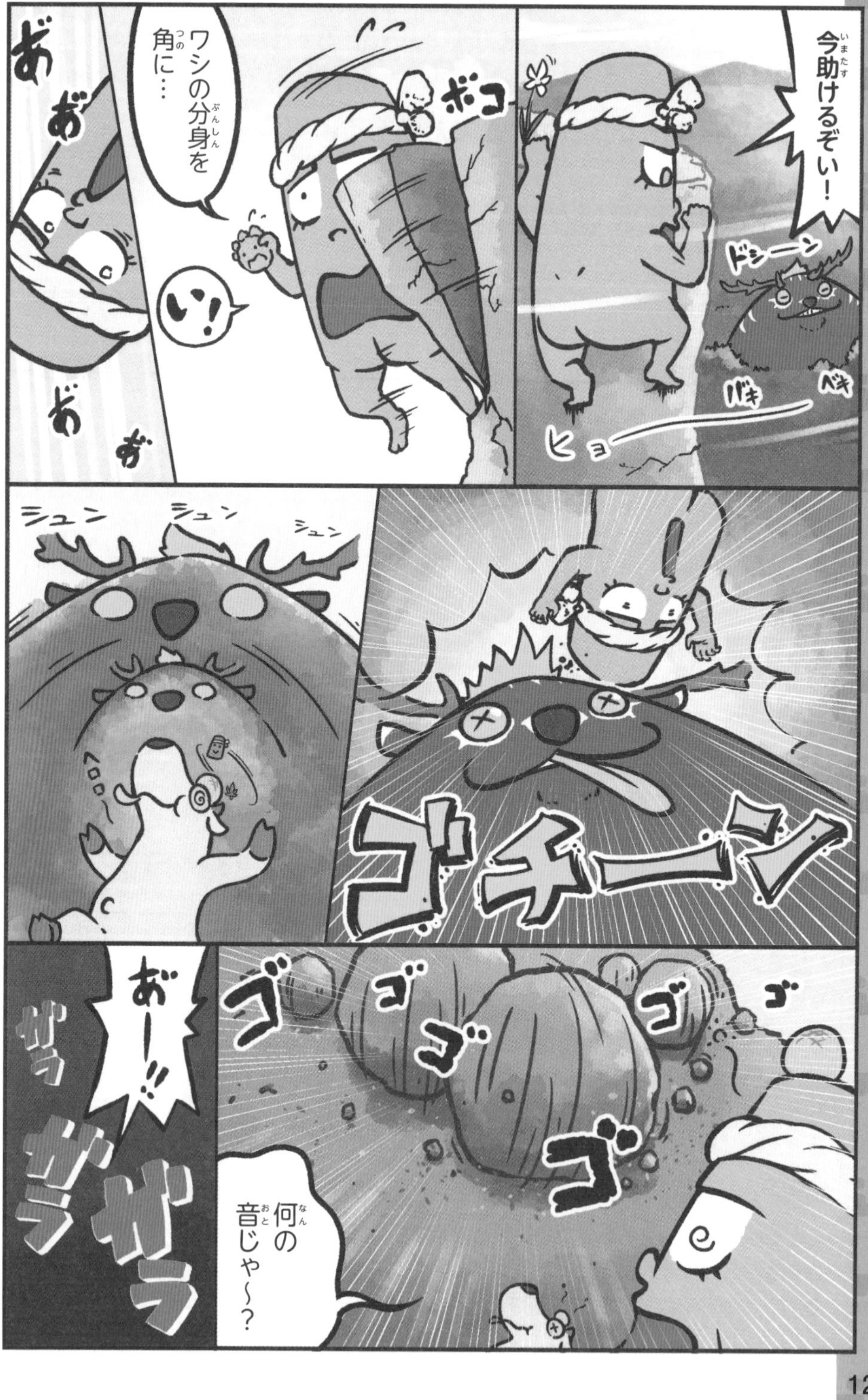
今助《いまたす》けるぞい！
ドシーーン
ベキ
バキ
ヒョーーー
ボコ
ワシの分身《ぶんしん》を角《つの》に…
い！
あ゛
あ゛
あ゛
あ゛
シュン
シュン
シュン
へロロ～
ゴチーーン
ゴゴゴゴゴ
何《なん》の音《おと》じゃ～？
あ゛ーー!!
ガッ
ガラガラ

う〜ん
カナメ！起《お》きてよ！
なんじゃぁ？
もう朝《あさ》？
モミジが大変《たいへん》なんだよ！
なつかしい夢《ゆめ》じゃったの〜。
アレ見《み》ろ!!
寝《ね》ぼけてる場合《ばあい》じゃないんだよ！
モミジーーー!?
ゴゴゴゴゴ
デケェ…
ワシがノびてる間《あいだ》に一体何《いったいなに》が!?
カナメが寝言《ねごと》で囲碁《いご》のこと話《はな》してて、それを聞《き》いたらみるみる…。
ヒャ
しもうたー!!

囲碁《いご》と将棋《しょうぎ》を使《つか》って遊《あそ》ぼう！

くわしいルールを知《し》らなくても，囲碁《いご》と将棋《しょうぎ》の道具《どうぐ》を使《つか》ってゲームができるよ！

※わかりやすくするため，イラストは盤《ばん》の一部《いちぶ》を抜《ぬ》き出《だ》して説明《せつめい》しています。

五《ご》目《もく》並《なら》べ　2人《ふたり》で遊《あそ》びます

❶

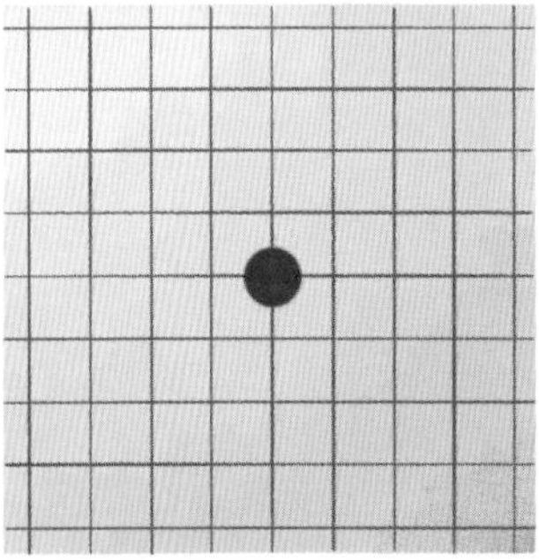

先手《せんて》(黒《くろ》)がまず真《ま》ん中《なか》に石《いし》を１つ置《お》く。

❷

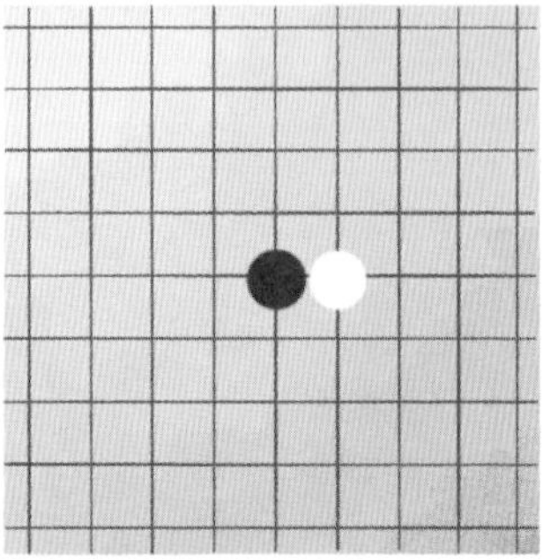

後手《ごて》（白《しろ》）が❶ととなり合《あ》う場所《ばしょ》に石《いし》を１つ置《お》く。

❸

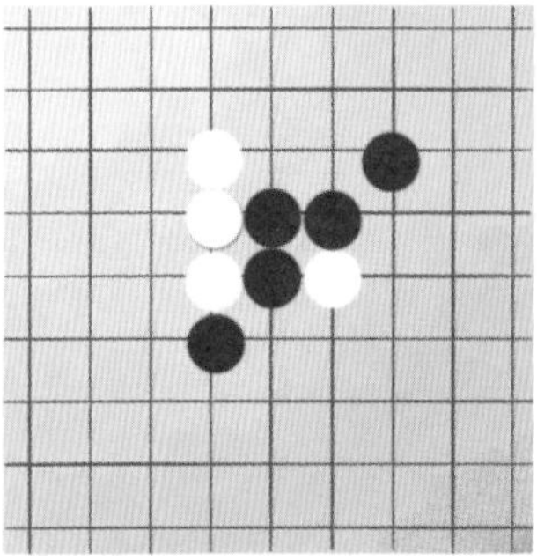

先手《せんて》・後手《ごて》が交互《こうご》に好《す》きな場所《ばしょ》に石《いし》を１つずつ置《お》いていき…

❹

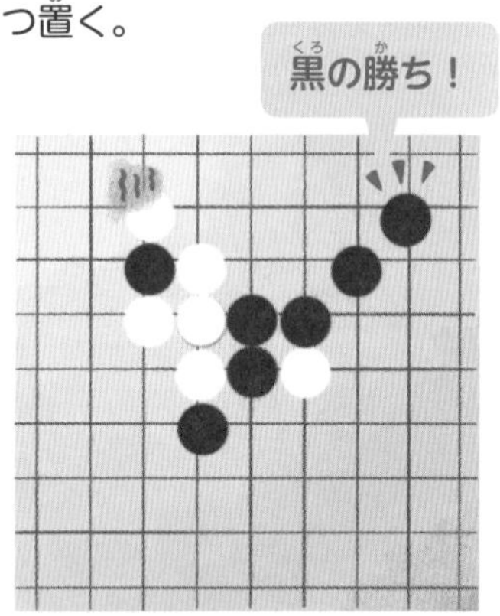

先《さき》に自分《じぶん》の色《いろ》の石《いし》を直線上《ちょくせんじょう》に５つ並《なら》べたほうが勝《か》ち！

簡単《かんたん》なルールじゃが奥《おく》が深《ふか》いぞ！

はさみ将棋《しょうぎ》 2人《ふたり》で遊《あそ》びます

※わかりやすくするため，イラストは小《ちい》さい盤《ばん》で説明《せつめい》しています。

①

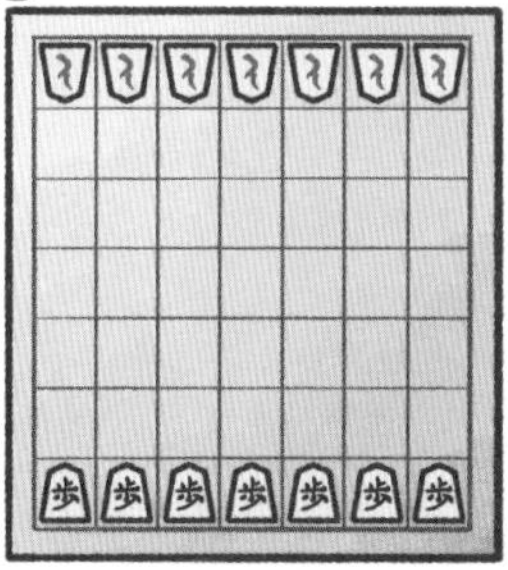

自分《じぶん》にいちばん近《ちか》い列《れつ》に「歩《ふ》」のコマを並《なら》べる（どちらか1人《ひとり》は裏返《うらがえ》して並《なら》べる）。

②

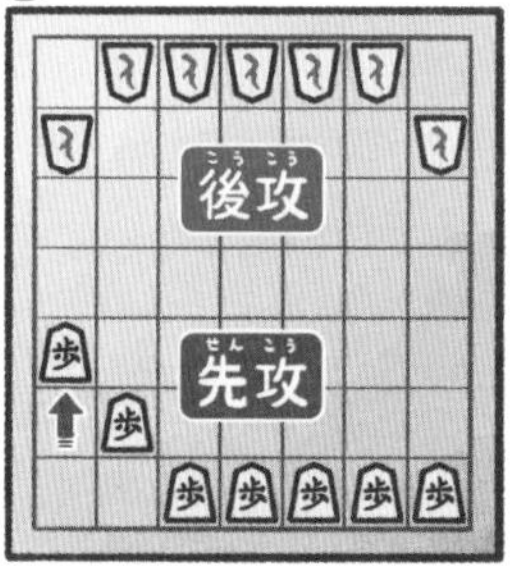

先攻《せんこう》と後攻《ごうこう》が交互《こうご》に自分《じぶん》のコマを動《うご》かす。

③

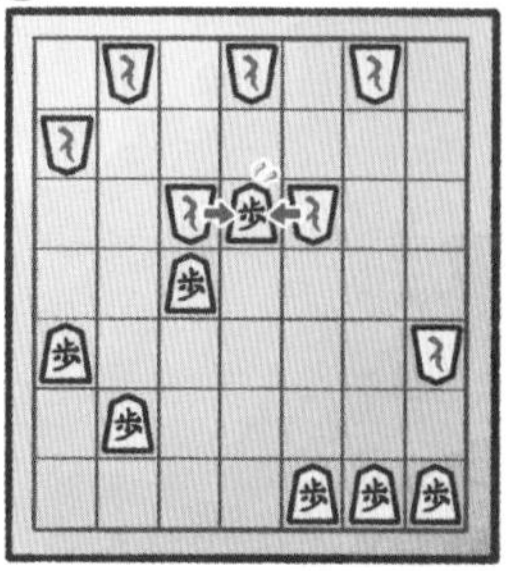

相手《あいて》のコマを自分《じぶん》のコマではさんだら，相手《あいて》のコマを取《と》れる。

コマの動《うご》かし方《かた》

- 前後左右《ぜんごさゆう》どちらかに，何《なん》マスでも進《すす》める。
- コマがあるマスは飛《と》びこえられない。
- コマから指《ゆび》をはなしたら，もう動《うご》かしてはダメ。

将棋《しょうぎ》くずし 2～5人《にん》で遊《あそ》びます

①

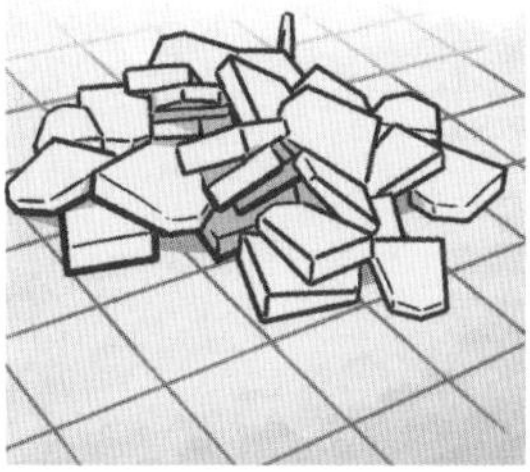

箱《はこ》に入《い》れたコマを将棋盤《しょうぎばん》の上《うえ》にひっくり返《かえ》し，コマの山《やま》を作《つく》る。

②

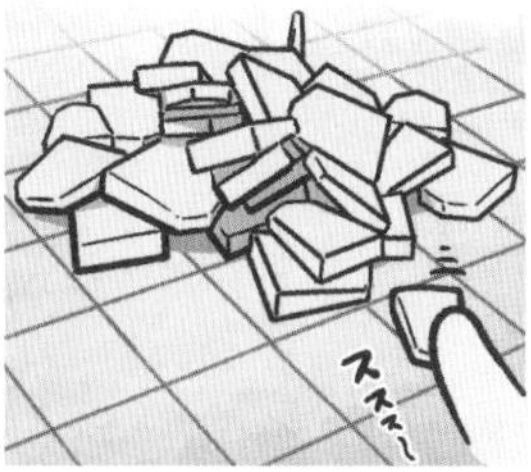

1人《ひとり》ずつ順番《じゅんばん》に，山《やま》から指《ゆび》1本《ぽん》でコマを抜《ぬ》いて静《しず》かに盤《ばん》の外《そと》まで持《も》っていく。

③

山《やま》をくずしたり音《おと》を立《た》てたりしたら，次《つぎ》の人《ひと》と交代《こうたい》。山《やま》がなくなったとき，コマをいちばん多《おお》く持《も》っている人《ひと》が勝《か》ち。

かるたで遊《あそ》ぼう！　いろはかるた

お正月《しょうがつ》の遊《あそ》びの定番《ていばん》といえば，かるた！
「いろはかるた」にはどんな読《よ》み札《ふだ》があるかな？

「かるた」は「カード」を意味《いみ》するポルトガル語《ご》が語源《ごげん》なんじゃ！

いろはかるたとは？

- いろは歌《うた》※1 などの 48 文字《もじ》で始《はじ》まるかるた。
- 地方《ちほう》によって「江戸《えど》かるた」「上方《かみがた》※2 かるた」などの種類《しゅるい》があり，同《おな》じ文字《もじ》から始《はじ》まる札《ふだ》でも内容《ないよう》が違《ちが》うものがある。

※1　47 文字《もじ》のかなをすべて 1 回《かい》ずつ使《つか》って作《つく》られた七五調《しちごちょう》の詩《し》，歌《うた》。
※2　京都《きょうと》とその付近《ふきん》の関西地方《かんさいちほう》のこと。

江戸《えど》かるた

い
い
犬《いぬ》も歩《ある》けば棒《ぼう》に当《あ》たる
わ
わ
割《わ》れなべにとじぶた

上方《かみがた》かるた

い
い
一寸先《いっすんさき》は闇《やみ》
わ
わ
笑《わら》う門《かど》には福来《ふくきた》る

かるたで遊《あそ》ぼう！ 百人一首《ひゃくにんいっしゅ》

百人一首《ひゃくにんいっしゅ》とは？

- 100人《にん》の歌人《かじん》の和歌《わか》を選《えら》んで作《つく》られたかるた。「歌《うた》がるた」とも呼《よ》ばれる。
- 和歌《わか》の上《かみ》の句《く》を読《よ》み，それに合《あ》う下《しも》の句《く》が書《か》かれた札《ふだ》を取《と》って遊《あそ》ぶ。

13世紀《せいき》ごろに京都《きょうと》の貴族《きぞく》が作《つく》ったらしいよ！

読《よ》み札《ふだ》

取《と》り札《ふだ》

上《かみ》の句《く》 花《はな》の色《いろ》は移《うつ》りにけりないたづらに

下《しも》の句《く》 わが身世《みよ》にふるながめせし間《ま》に

小野小町《おののこまち》

意味《いみ》 色《いろ》あせた桜《さくら》の花《はな》に自分《じぶん》の容姿《ようし》のおとろえを重《かさ》ねてなげいている歌《うた》。

読《よ》み札《ふだ》

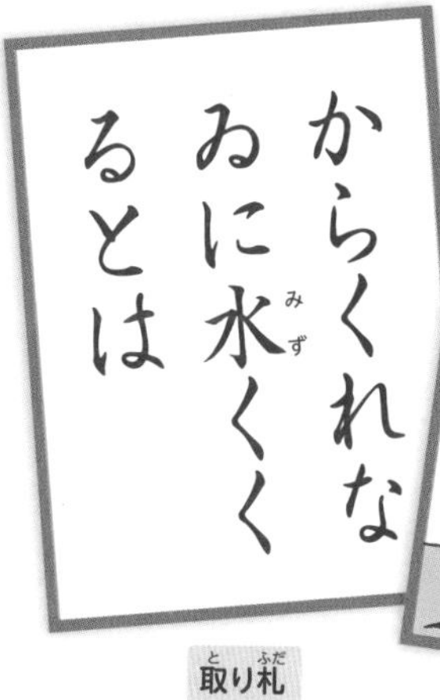

取《と》り札《ふだ》

上《かみ》の句《く》 ちはやぶる神代《かみよ》も聞《き》かず竜田川《たつたがわ》

下《しも》の句《く》 からくれなゐに水《みず》くくるとは

在原業平朝臣《ありわらのなりひらあそん》

意味《いみ》 「神話《しんわ》の時代《じだい》にも聞《き》いたことがない。紅葉《もみじ》がこんなに川《かわ》を赤《あか》く彩《いろど》るとは」

歌《うた》を覚《おぼ》えていれば早《はや》く取《と》れるよ！

日本神話《しんわ》　その⑤　オオクニヌシ編《へん》

スサノオの孫《まご》の孫《まご》の
そのまた孫《まご》に
オオクニヌシという
神様《かみさま》がいました。

旅《たび》の途中《とちゅう》で出会《であ》った
ウサギを助《たす》けるなど、
心《こころ》の優《やさ》しい神様《かみさま》
でした。

苦労《くろう》の末《すえ》に
美《うつく》しい姫《ひめ》と結《むす》ばれ
熱心《ねっしん》に国造《くにづく》りを
行《おこな》いました。

それを天《てん》から見《み》ていたのがあのアマテラス！（めちゃくちゃ長生《ながい》き！）
「あの国《くに》はわが子《こ》が治《おさ》めるのがふさわしい！」オオクニヌシに使者《ししゃ》を送《おく》り国《くに》をゆずるよう説得《せっとく》します。
何度《なんど》も何度《なんど》も使者《ししゃ》を送《おく》られオオクニヌシはついに…
アマテラスに国《くに》をゆずることにしました。
その後《ご》、アマテラスの孫《まご》のニニギが地上《ちじょう》に降《お》りて国《くに》を治《おさ》めることになったのでした。
日本神話《しんわ》はまだまだ続《つづ》くがこの本《ほん》ではここまでじゃ！

日本の芸術《げいじゅつ》 歌《か》舞《ぶ》伎《き》

日本のことを知《し》ると大《おお》きくなっちゃう!?
あぁ～
そういう体質《たいしつ》なんじゃよ。
でも…
あそこまで大《おお》きくなったことはなかったし…
昔《むかし》は歌舞伎《かぶき》のくまどりみたいな模様《もよう》もなかったんじゃ!

日本の芸術《げいじゅつ》　歌舞伎《かぶき》　その❶

歌舞伎《かぶき》は，せりふと日本舞踊《ぶよう》，三味線《しゃみせん》やたいこなどの演奏《えんそう》が組《く》み合《あ》わされた日本独自《どくじ》の伝統芸能《でんとうげいのう》。江戸時代《えどじだい》に誕生《たんじょう》し，進化《しんか》しながら現代《げんだい》まで受《う》け継《つ》がれてきたんだ。ユネスコの無形文化遺産《むけいぶんかいさん》にも登録《とうろく》されているよ。

歌舞伎《かぶき》の化粧《けしょう》（くまどり）には意味《いみ》がある！

歌舞伎《かぶき》の独特《どくとく》の化粧《けしょう》のことを「くまどり」というんじゃ。

赤《あか》
善人《ぜんにん》
意味《いみ》
勇気《ゆうき》，正義《せいぎ》，強《つよ》さなど

青《あお》
悪人《あくにん》
意味《いみ》
冷酷《れいこく》さ，悪《あく》など

茶《ちゃ》
鬼《おに》，妖怪《ようかい》など
意味《いみ》
人間以外《にんげんいがい》の役《やく》

女形《おんながた》

歌舞伎《かぶき》は男性《だんせい》だけが演《えん》じる※。
女性《じょせい》を演《えん》じる役者《やくしゃ》は「女形《おんながた》」という。
※子《こ》どものころは子役《こやく》として女《おんな》の子《こ》が舞台《ぶたい》に立《た》つこともある。

日本の芸術《げいじゅつ》　歌舞伎《かぶき》　その❷

歌舞伎《かぶき》から生《う》まれて，現在《げんざい》も使《つか》われている言葉《ことば》がたくさんあるんじゃ！

どんでん返《がえ》し

由《ゆ》来《らい》 大道具《おおどうぐ》をひっくり返《かえ》して場《ば》面転換《めんてんかん》する舞台装置《ぶたいそうち》のこと。

意《い》味《み》 物事《ものごと》が最後《さいご》になってひっくり返《かえ》ること。思《おも》いがけない展開《てんかい》。

二枚目《にまいめ》・三枚目《さんまいめ》

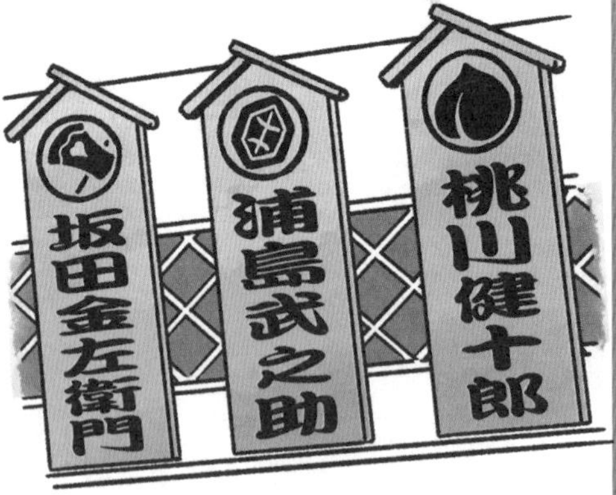

由《ゆ》来《らい》 歌舞伎《かぶき》の看板《かんばん》では，右《みぎ》から順《じゅん》に，１枚目《まいめ》に主役《しゅやく》を演《えん》じる役《やく》者《しゃ》，２枚目《まいめ》に美男《びなん》の役者《やくしゃ》，３枚目《まいめ》にこっけいな役《やく》を演《えん》じる役者《やくしゃ》の名《な》前《まえ》を書《か》いた。

意《い》味《み》 二枚目《にまいめ》＝美男子《びなんし》，三枚目《さんまいめ》＝おもしろい男性《だんせい》。

黒幕《くろまく》

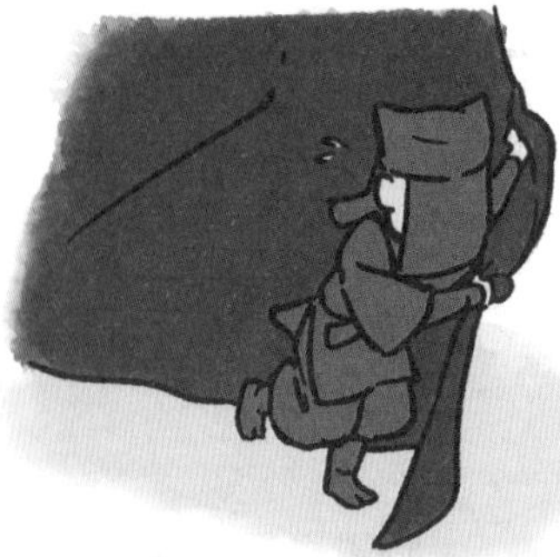

由《ゆ》来《らい》 夜《よる》の場面《ばめん》や，場面転換《ばめんてんかん》のときに使《つか》う黒《くろ》い幕《まく》。

意《い》味《み》 表《おもて》に出《で》ず，影《かげ》から人《ひと》に指図《さしず》する人《ひと》。

ワシのせいで
あんな姿《すがた》に……!
ごめんよぉぉぉ〜!
おぉぉぉぉ!!!
お菓子《かし》とか
なんかイロイロ!
カナメだけのせい
じゃないよ…。
……。
モミジを助《たす》けよう!
友《とも》だちだもん。
ほっとけないよ!
タケル…
ヨ、ヨシ…!
カナメ!
一緒《いっしょ》に助《たす》けよう!
そうだな…!
ウン!
お主《ぬし》らぁぁ〜!
おぉ…

ピシ!
ワシの分身《ぶんしん》をモミジの角《つの》に結《むす》びつけるんじゃ!元《もと》に戻《もど》すにはそれしかない!
角《つの》に!?
ムズくない!?
どうやってあそこまで…?
ズン
そ…、そうじゃなぁ。
ピコ
ズン
サブリナが投《な》げてみてよ!
全国《ぜんこく》から応援《おうえん》コメントがきてるぞ!
ホラ!こんなに!!
サブリナしかできないって!
じゃあ〜、やってみますか。

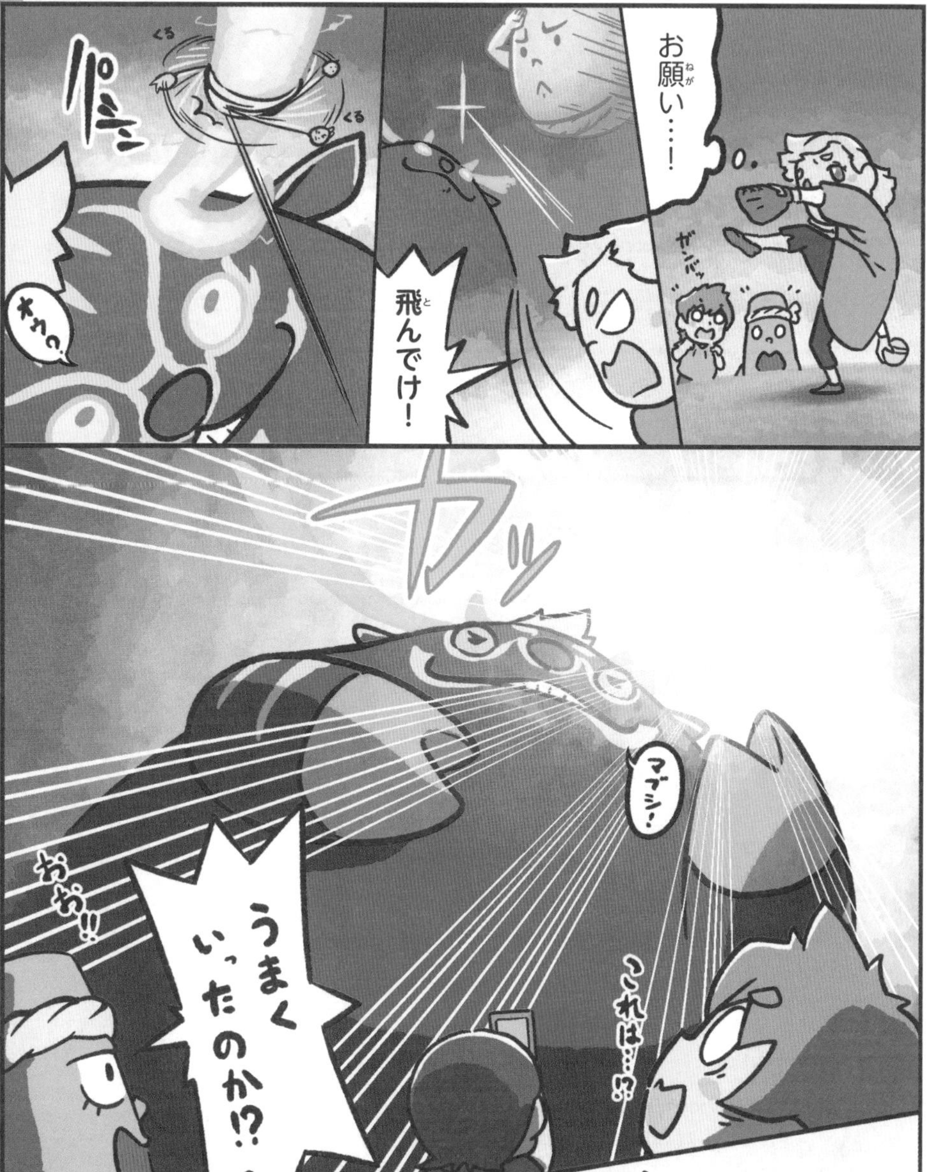
お願《ねが》い…！
ガンバッ
飛《と》んでけ！
パシーン
くる
くる
それっ
カッ
マブシ！
これは…!?
うまくいったのか!?
おお!!
わぁ！

歌舞伎俳優《かぶきはいゆう》はアイドル!?

歌舞伎《かぶき》は，江戸時代《えどじだい》の人々《ひとびと》の大《おお》きな楽《たの》しみのひとつだった。劇場《げきじょう》(芝居小屋《しばいごや》) まで行《い》けない人《ひと》も，舞台《ぶたい》の様子《ようす》や俳優《はいゆう》の姿《すがた》を描《か》いた浮世絵《うきよえ》を見《み》て，歌舞伎《かぶき》の世界《せかい》を楽《たの》しむことができたんだよ。

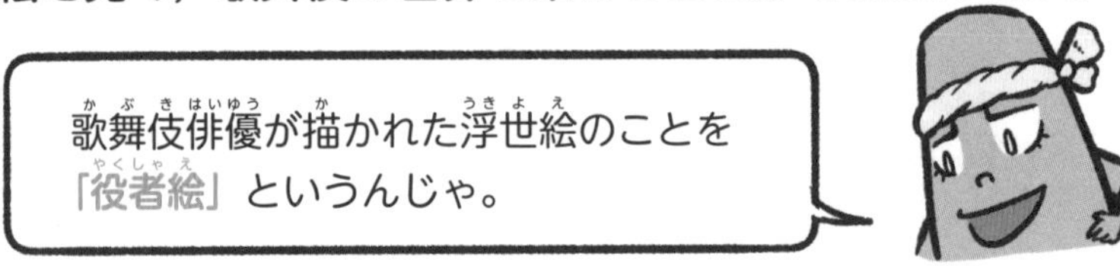

歌舞伎俳優《かぶきはいゆう》が描《か》かれた浮世絵《うきよえ》のことを
「役者絵《やくしゃえ》」というんじゃ。

役者絵《やくしゃえ》

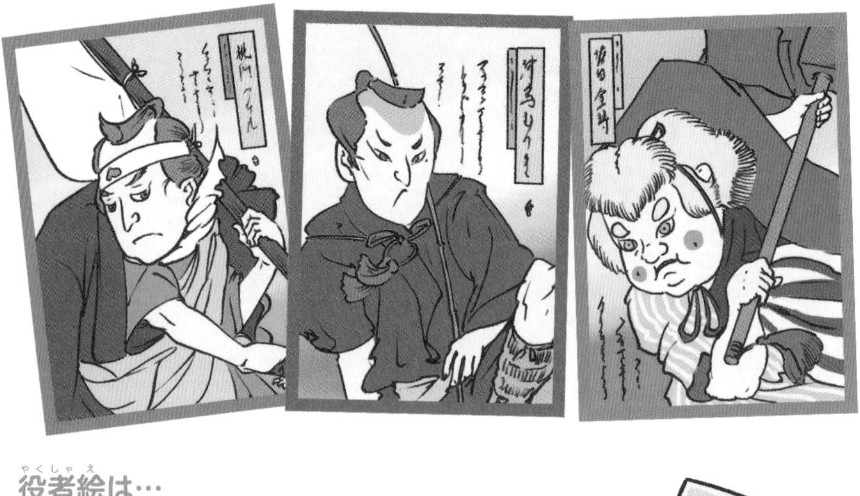

役者絵《やくしゃえ》は…

- 1枚《まい》8文《もん》(現在《げんざい》の価値《かち》で100～200円《えん》) ぐらいで手軽《てがる》に買《か》うことができた。
- 写真《しゃしん》やインターネットがない時代《じだい》の，ブロマイド※やポスターのようなものだった。
- 力士《りきし》を描《か》いた「すもう絵《え》」も，役者絵《やくしゃえ》と同《おな》じくらい人気《にんき》があった。

※芸能人《げいのうじん》やスポーツ選手《せんしゅ》などの人物写真《じんぶつしゃしん》。

浮世絵《うきよえ》はこうして作《つく》られた！

浮世絵《うきよえ》は，実《じつ》は絵《え》ではなく版画《はんが》なんだ。絵《え》を描《か》く，版木《はんぎ》をほる，紙《かみ》に刷《す》るといったそれぞれの作業《さぎょう》を専門《せんもん》の職人《しょくにん》が分担《ぶんたん》したんだよ。

❶ 紙《かみ》に下絵《したえ》を描《か》く。

絵師《えし》

❷ 下絵通《したえどお》りにほり，黒《くろ》１色《しょく》で刷《す》る。

彫師《ほりし》

❸ 刷《す》る色《いろ》を指定《してい》する。

絵師《えし》

❹ 色《いろ》の数《かず》だけ色版《いろはん》をほる。

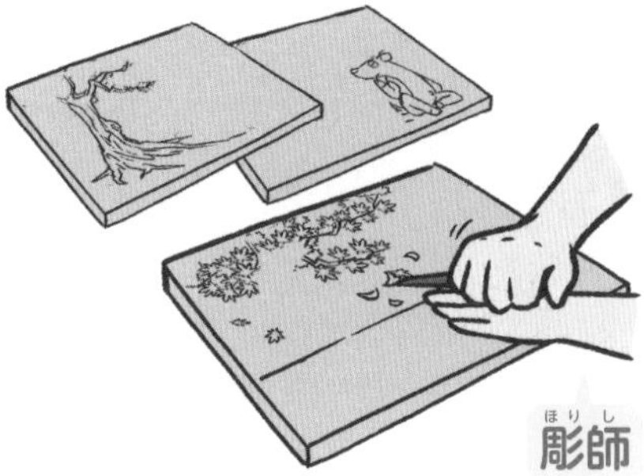

彫師《ほりし》

❺ １色《しょく》ずつ重《かさ》ねて紙《かみ》に刷《す》る。

摺師《すりし》

❻ 完成《かんせい》！

日本のアート！　浮世絵《うきよえ》

浮世絵《うきよえ》は，世界的《せかいてき》にも人気《にんき》が高《たか》い，日本を代表《だいひょう》する伝統芸術《でんとうげいじゅつ》じゃよ。

葛飾北斎《かつしかほくさい》　「富嶽三十六景《ふがくさんじゅうろっけい》＿神奈川沖浪裏《かながわおきなみうら》」

Image: TNM Image Archives

歌川広重《うたがわひろしげ》
「名所《めいしょ》江戸《えど》百景《ひゃっけい》
大《おお》はしあたけの夕立《ゆうだち》」
Image: 東京《とうきょう》都《と》歴史《れきし》文化《ぶんか》財団《ざいだん》イメージアーカイブ

浮世絵《うきよえ》はヨーロッパなど海外《かいがい》の画家《がか》にも影響《えいきょう》をあたえたんじゃ。

似《に》せて描《か》いているんだね。

フィンセント・ウィレム・ファン・ゴッホ
「日本趣味《しゅみ》：雨《あめ》の大橋《おおはし》（大《おお》はしあたけの夕立《ゆうだち》）」
Photo: Bridgeman Images / DNPartcom

あれから数日《すうじつ》——
今日《きょう》から旅《たび》に出《で》ちゃうんだね…。
修行《しゅぎょう》はまだ途中《とちゅう》じゃったからな…。
もっと日本のこと知《し》らないとね〜。
元気《げんき》でネ！
もう巨大化《きょだいか》しちゃダメだぞー。
ミニカナちゃんがいればダイジョブだよ♪
ズシュウウウウウゥ
石《いし》のパワーで力《ちから》をコントロールできるからのぉ。
もうあんなさわぎはこりごりじゃわい…。
モミジ！戻《もど》ったんだね！
無事《ぶじ》かー!?

そういえば この前《まえ》の動画《どうが》の反響《はんきょう》がすごいんだ！
90%
6.109
8.67ち
5.2万
すごい「よいね」の数《かず》！
もうオレの願《ねが》いかなっちゃったなぁ。
サブリナの願《ねが》いは？
地球最強《ちきゅうさいきょう》がどうとかってヤツ
オォ!
あれ以来《いらい》野球《やきゅう》に目覚《めざ》めてサ！地球最強《ちきゅうさいきょう》目指《めざ》しちゃうヨ！
オレも動画配信《どうがはいしん》とかしちゃおっかな？
イイじゃん!
そいじゃあ そろそろ行《い》くネ！
やっぱり あのポーズなのか…
モミジ！ありがとう！ボクもがんばるよ！
チチチ
チチ

パッ
行《い》っちゃったね…。
グス
そうだ！タケルの願《ねが》い事《ごと》は？
えーっとね
かなったような…まだのような？
ナニソレ〜？
バチ
バチチ
ヘヘヘ…
あああああ
ん？
パッ
またワープ失敗《しっぱい》しちった〜。
アレェ〜
帰《かえ》ってくるの早《はや》すぎるよ！
出《だ》して〜
ピコッ
ドテーン
おしまい